KB270001

영화로 보는 세계와 미래

지금처럼 살려면 몇 개의 지구가 필요할까?

일러두기

1. 단행본은 《 》로, 영화나 논문·보고서·발표문 등은 〈 〉로 표기했습니다.

2. 외래어 표기는 한글맞춤법을 따랐지만 흔히 쓰이는 내용이나 영화 제목 등은
   통용되는 표기를 따랐습니다.

영화로 보는 세계와 미래

지금처럼 살려면 몇 개의 지구가 필요할까?

초판 1쇄 발행 2024년 9월 27일
초판 2쇄 발행 2025년 11월 5일

글 오승현
그림 황정하

펴낸곳 도서출판 개암나무(주)
펴낸이 김보경
경영관리 총괄 김수현　**경영관리** 배정은 조영재
편집 조원선 김소희 오은정 이혜인　**디자인** 이은주　**마케팅** 이기성
출판등록 2006년 6월 16일　제22-2944호

주소 서울특별시 용산구 한남대로40길 19, 4층(한남동, JD빌딩) (우)04417
전화 (02)6254-0601, 6207-0603　**팩스** (02)6254-0602　**E-mail** gaeam@gaeamnamu.co.kr
개암나무 블로그 http://blog.naver.com/gaeamnamu　**개암나무 카페** http://cafe.naver.com/gaeam

ISBN 978-89-6830-838-3 43300

ISBN 978-89-6830-873-4 (세트)

영화로 보는 세계와 미래

지금처럼 살려면 몇 개의 지구가 필요할까?

오승현 글
황정하 그림

개암나무

차례

기술의 미래

상상, 미래, 질문

　'상상(像想)'은 '본떠 그린 모양(像)을 생각한다(想)'는 뜻이다. 모양 상(像) 자 안에는 코끼리 상(象) 자가 들어 있다. 왜 하필 코끼리일까? 기원전 17세기~11세기 중국에는 코끼리가 살았다. 그러다 기후가 바뀌면서 춘추 전국 시대에는 코끼리가 거의 사라졌다. 사람들은 죽은 코끼리 뼈를 보고 그림을 그려 코끼리 모습을 짐작했다. 상상은 바로 여기서 나온 말이다. 실제로 경험하지 않은 현상이나 사물 등을 마음속으로 그려 보는 일이 상상이다. 미래는 상상의 주된 대상이다.

　어원에서 알 수 있듯이 아무렇게나 상상하지는 않는다. 코끼리 뼈 같은 실마리를 붙잡고 상상의 날개를 펼치기 마련이다. 이 책은 SF 영화를 실마리 삼아 미래를 그려 보았다. SF 영화는 미래를 엿보기 위해 택한 창이다. 미래학자 앨빈 토플러는 《미래 쇼크(Future Shock)》에서 SF를 '미래 사회학'이라 부르며 왜 학교에서 SF를 가르치지 않는지 되물었다. 그러고는 SF를 이렇게 평가했다. "SF는 생각의 폭을 넓히는 엄청난 가치를 지닌다. SF를 통해 미래를 예측하는 습관을 기를 수 있다."

　사람들은 암을 비롯한 불치병을 정복하는 미래를 상상하고는 한다. 그런데 누가 그런 의료 혜택을 누릴지는 생각하지 않는다. 결국 부유한 사람이 누릴 가능성이 크다. 그런 점에서 장밋빛 청사진은 그야말로 '가상' 세계일지 모른다. '기술=진보'라는 식으로 단순하게 생각해서는 안 된다. 로보타라는 가공의 섬나라가 있다. 이 나라에는 아직도 노예제가 살아 있다. 그런데 과학 기술이 발전해서 사람과 거의 똑같은 로봇을 만들었다. 가정마다 이 로봇이 보급되면 로보타의 노예는 전부 사라질까? 장담하건대 그럴 일은 없다. 기술이 눈부시게 발전한다고 정신이 저절로 진보하는 건 아니다.

미래는 하늘에서 뚝 떨어지지 않는다. 흔히 "미래(未來)가 온다"라고 말한다. 하지만 아직(未) 오지(來) 않은 시간이 태엽처럼 감겨 있다가 순서대로 풀려 나오지는 않는다. 시간은 지금 여기서 미래로 뻗어 나간다. 우리가 미래 쪽으로 가는 셈이다. 현재가 미래를 낳는다. 마하트마 간디는 "미래는 우리가 지금 무엇을 하는가에 달렸다"라고 말했다. 그래서 미래를 알고 싶으면 현재를 깊이 들여다봐야 한다. 이 책이 미래를 이야기하면서 끊임없이 현재를 불러들이는 이유다.

어떤 미래를 살아갈지 정할 수 있을까? 미래는 예측하기 어렵다. 우리가 할 수 있는 일은 다양한 미래를 상상하고 그중 가장 바라는 모습을 향해 가는 것뿐이다. 여기서 질문이 중요하다. "우리가 바라는 미래는 어떤 모습일까?"라고 질문을 던져야 한다. 미래는 질문을 통해 더 좋아질 수 있다. 현재를 돌아보고 미래를 향해 질문을 던지는 일이 바로 미래를 준비하는 올바른 방법이다. 이 책에서 모든 장이 질문으로 시작하는 것도 그 때문이다.

오승현

이제 그만 좀 사!
배달 음식 안 돼!

기후 위기

결국 지구만이 이 우주에서 인간이 살 수 있는, 유일한 행성이다. 아직까지, 그리고 앞으로 꽤 오랫동안 말이다.

우주에 두 번째 지구가 있을까?

지구 정복에서 지구 탈출로 꿈이 바뀌었다고?

우주를 상업적으로 이용하려는 시도가 빠르게 늘고 있다. 미국의 스페이스X가 2020년 5월 민간 기업 최초로 유인 우주선 발사에 성공했다. 스페이스X는 전기차로 유명한 테슬라의 CEO 일론 머스크가 세운 기업이다. 아마존 창업자 제프 베이조스도 우주 탐사에 관심이 많다. 제프 베이조스는 자신이 세운 우주 탐사 기업을 통해 우주 관광을 하기도 했다.

최근 우주 산업이나 우주여행에 관심이 더욱 커진 이유가 뭘까? 자원 고갈, 환경 오염, 생태계 파괴 등의 문제에 더해 기후 위기가 심각해진 탓이다. 이러한 관심은 지구의 대안을 찾으려는 노력의 일환으로 볼 수 있다.

"지구의 자원 고갈과 에너지 문제 해결을 위해 우주 자원을 채굴해 오는 기술!" 우주 자원 채굴, 운송 기술 등을 홍보하는 한 기업의 광고 문구다. 지구의 문제를 해결하기 위해 우주로 눈을 돌린 것이다. 우주 기술(화성 이주)이나 지구 공학(기후 공학)도 비슷하다. 문제의 원인과 해결책을 우리 안이 아니라 밖에서 찾는다.

2014년 개봉한 영화 〈인터스텔라(Interstellar)〉는 환경 파괴와 병충해로 사람이 살기 힘든 환경이 되어 버린 미래의 지구가 배경이다. 영화에서는 지구의 기온이 급격하게 상승하고, 비가 내리지 않아 땅이 황폐하다. 농작물이 잘 자라지 않고, 모래 폭풍이 자주 발생한다. 지독한 황사로 늘 마스크를 써야 하고 식탁 위 접시는 엎어 놓아야 한다.

인류는 만성적인 식량 부족을 겪는다. 밀은 7년 전에 멸종했다. '오크'라는 병충해 탓에 작물 재배가 어렵고, 남은 건 흙먼지 자욱한 옥수수밭뿐이다. 가축 사료로 쓰던 옥수수가 인류가 먹을 수 있는 유일한 곡물이 됐다. 주인공 쿠퍼의 장인은 지구가 이 지경이 된 건 "모든 이가 처음부터 끝까지 모든 것을 가지려 했기 때문"이라고 한탄한다. 영화는 오늘날 인류가 직면한 기후 위기와 그에 따른 재앙을 예견하고 있다.

〈인터스텔라〉에 등장하는 탐사선 이름은 '인듀어런스(Endurance)'다.

1914년 남극 탐사를 시도했던 인듀어런스호에서 따온 이름으로, '인내' '참을성' 등을 뜻한다. 기후 위기와 식량 부족에 직면한 상황에서도 포기하지 않고 살아남겠다는 인류의 의지와 희망을 상징한다. 반어적으로 경고의 의미도 담겨 있다. 모든 것을 가지려는 태도를 버리지 않는다면, 아주 오랜 기간 참고 견뎌야 하는 시간이 인류를 찾아올지도 모른다는 경고다.

지구에 훨씬 모진 날들이 온다고?

지구가 뜨거워지고 있다. 표는 2000년 이후 가장 더운 해를 나타낸 게 아니다. 기온을 관측한 이래 가장 더운 해를 모아 놓았다. 놀랍게도 1위부터 20위까지가 전부 지난 20년 사이에 있다. 최고 기온 기록은 21세기 들어 계속 깨지고 있다. 세계기상기구(WMO)는 2024년 1월, 2023년이 역대 가장 더운 해였다고 발표했다.

지구 온난화로 무더위와 강추위, 빙하 해빙과 해수면 상승, 가뭄과 사막

순위	연도
1	2023
2	2016
3	2020
4	2019
5	2015
6	2022
7	2017
8	2021
9	2018
10	2014

역대 가장 더운 해
(1880년~2023년)

화, 홍수와 태풍 등 극단적인 기후 현상이 많이 늘어났다. 기후 변화 시대에 '기상 이변'은 더는 이변이 아니라 일상이다. 여름이 너무 덥거나 겨울이 너무 춥다. 반대로 여름이 너무 서늘하거나 겨울이 너무 따뜻하다.

이런 극단적인 기후는 인간에게 큰 위협이다. 2015년 4월~6월에 걸쳐 북인도 전역은 기온이 최고 48도까지 올라갔고 2,500명 이상이 사망했다. 2019년 호주는 건조 기후로 한반도 면적의 85퍼센트가 불에 탔다. 세계 최대 곡물 수출국인 미국은 2021년 가뭄으로 곡물 생산량이 40퍼센트가량 감소했다. 앞으로는 건조한 날씨로 인한 산불 증가, 해수면 상승에 따른 주거 위협, 가뭄과 사막화에서 비롯한 물과 식량 부족, 물과 식량 부족에서 기인한 기후 분쟁, 기후 분쟁으로 발생한 기후 난민 문제 등이 일상이 될 것이다.

2021년 8월 유엔 산하 기후 변화에 관한 정부 간 협의체(IPCC)는 〈제6차 평가 보고서〉를 발표하고 기후 위기가 심각하다는 '적색경보'를 발령했다. 해당 보고서에 따르면 현재 지구 온도는 산업화 이전 대비 1.09도 상승하였고, 지구 평균 해수면은 0.2미터가량 높아졌다. 이듬해인 2022년 6월에 세계기상기구(WMO)가 발간한 〈2021 세계 기후 현황〉에 따르면 2021년 지구 평균 온도는 산업화 이전 평균보다 1.24도 높았다.

1.09도나 1.24도가 별거 아닌 것 같다고? 고작 1도가 아니다.

체온을 떠올려 보면 이해하기 쉽다. 체온이 2도~3도만 올라가도 온몸이 불덩이가 된다. 체온이 40도가 넘으면 사람은 죽을 수 있다. 지구는 거대한 몸이라고 할 수 있다. 지구 평균 기온이 3.7도 이상 올라가는 건 사람 체온이 40도를 넘는 것과 비슷하다. 지구가 불덩이로 변하고, 지구상의 모든 생명체가 고통을 겪을 것이다. 인간도 예외일 수 없다.

수만 년 전에 지구는 몹시 추운 빙하기였다. 빙하기 때 평균 기온과 오늘날 평균 기온은 얼마나 차이가 날까? 5도에 불과하다. 마지막 빙하기에서 현재의 간빙기로 넘어오는 약 1만 년 동안 기온이 4도~5도 상승한 것과 비교하면 1도 상승에 100년이 걸린 것은 굉장히 빠른 변화다. 지금이 그때보다 무려 20배~25배 빠른 셈이다. 시속 4킬로미터 속도로 걷던 사람이 갑자기 시속 100킬로미터로 뛰어야 한다고 상상해 보자. 그것도 맨몸으로 말이다. 몸이 감당할 수 있을까? 지구가 몸살을 앓는 이유도 비슷하다. 50도가 넘는 무더위 일수가 40년 동안 꾸준히 늘어났다. 최고 기온이 50도 이상을 기록한 날이 1980년~2009년에 연평균 14일이었으나, 2010년~2019년에는 26일로 두 배 가까이 증가했다.

더위 자체도 큰 피해지만, 여러 피해가 따라온다. 가장 큰 문제는 식량 부족이다. 전문가들은 2022년을 '기상 이변의 해'로 꼽는다. 유럽은 기상 관측 사상 최고로 더웠고, 아시아는 대홍수에 시달렸다. 미국에는 태풍과 가뭄이 번갈아 닥쳤다. 전례 없는 자연 재해로 전 세계의 농작물 수확량이 크게 줄어들었다. 그 결과 식료품 가격이 치솟았다.

식량 감소에 대한 예측은 비관적이다. 바나나와 초콜릿을 예로 들면, 생체의학자 시어도어 C. 듀머스는 《내일은 못 먹을지도 몰라》에서 2050년을 기점으로 바나나 생산량은 80퍼센트 이상 감소하고, 초콜릿의 주원료인 카카오나무는 10퍼센트만 남는다고 예측했다. 더위와 가뭄으로 농작물이 타 죽고 사막화로 농사지을 땅이 줄어들며 기온 상승으로 곤충이 늘어나기 때문이다.

기온이 1도 오를 때마다 작물의 수확량은 밀 6퍼센트, 쌀 3.2퍼센트, 옥수수 7.4퍼센트가 줄어들 것으로 예상된다. 전체 농업 생산량은 10퍼센트 이상 감소할 수 있다. **21세기 말이 되면 50퍼센트 줄어든 농업 생산량으로 50퍼센트 늘어난 인구를 먹여 살려야 한다.** 쉽게 말해 100만큼 농사지어 100명이 먹다가 50만큼 생산해 150명이 먹어야 한다는 뜻이다. 물과 식량을 찾아 사람들이 살던 곳을 떠나 난민이 된다. 이를 기후 난민이라 부른다.

기후 위기로 직접적인 큰 피해를 당할 이들은 가난한 나라의 가난한 사람들이다. 그들은 누구보다 자연에 깊이 의존하면서 살아간다. 농사를 짓거나 가축을 키우는 만큼 기후 변화에 크게 영향을 받을 수밖에 없다. 오스트리아 시인 잉게보르크 바흐만은

<유예된 시간>에서 이렇게 말했다. "훨씬 모진 날들이 오고 있다." 지금까지 미뤄졌던 파국의 시간이 지평선 너머에서 넘실거리고 있다.

기온 상승에 임계점이 있다고?

지구는 온도를 일정하게 유지하기 위해 흡수한 태양 에너지 일부를 우주로 돌려보낸다. 지구가 방출하는 태양 에너지는 대부분 적외선이다. 이산화탄소 같은 온실가스*는 적외선을 다시 흡수해 지구 온도를 끌어 올린다. 정리하자면 지구 표면에 부딪힌 햇빛이 온실가스에 가로막혀서 대기권 밖으로 빠져나가지 못하고 지표로 반사돼 지구를 덥게 만든다. 온실과 비슷하게 작용한다는 점에서 이런 기능을 '온실 효과'라고 부른다.

온실가스가 햇볕에 달구어진 지구 표면에서 나오는 열에너지를 흡수하는 덕분에 지구는 기온을 일정하게 유지한다. 온실 효과가 없다면 지구의 평균 기온은 영하 18도로 떨어질

온실가스

지구 온도를 높이는 온실 효과를 불러오는 기체로, 산업 활동, 연료 소비, 축산업 등이 주범이다. 이산화탄소(CO_2), 메탄(CH_4), 아산화질소(N_2O), 수소불화탄소(HFCs), 과불화탄소(PFCs), 육불화황(SF_6) 등이 이에 속한다.

것이다. 온실 효과 덕분에 지구 평균 기온이 영상 15도로 유지돼 인류가 안정되게 살 수 있다. 문제는 온실가스가 빠르게 늘어나면서 온실 효과를 가속한다는 점이다.

과학 교과서에는 대기 중 이산화탄소 비율이 0.04퍼센트, 그러니까 400ppm[*]으로 나와 있다. 20여 년 전에는 달랐다. 1990년대까지는 줄곧 0.03퍼센트로 나왔다. 그러다 21세기 들어 0.04퍼센트로 바뀌었다. 불과 20년 만에 상상하기 어려운 일이 우리 눈앞에서 벌어지고 있다. 산업 혁명 이전 0.028퍼센트이던 대기 중 이산화탄소가 현재는 0.04퍼센트로 증가했다. 0.012퍼센트포인트가 상승한 것이다. **200년 만에 이산화탄소 농도가 0.012퍼센트포인트, 즉 120ppm 이상 증가했고 변화가 더딘 교과서 내용까지 바뀌었다.** 그 결과는 뜨거워진 지구와 멸종 위기에 처한 동식물이다.

수십만 년 전 기후 데이터를 봐도, 이산화탄소는 300ppm 안팎을 일정하게 오르내렸다. 짧은 시간에 이렇게 급격히 변한 적이 없었다. 그린란드와 남극의 빙하를 뚫고 채취한 얼음 기둥 안에는 공기가 갇혀 있어 대략 80만 년에 걸친 대기 구성을 확인할 수 있다. 과거 대기 중 이산화탄소 양은 0.03퍼센트를 넘은

ppm

100만분의 1(parts per million)이라는 의미다. 어떤 양이 전체의 100만분의 몇을 차지하는가를 나타낼 때 사용한다. 이산화탄소 400ppm은 공기 분자 100만 개당 이산화탄소 분자가 400개 있다는 뜻이다.

적이 없었다. 지구를 둘러싼 담요가 시간이 갈수록 두꺼워진 셈이다.

지난 100여 년 동안 지구 평균 기온이 1.4도 올랐다. 미국 해양대기청(NOAA) 자료에 따르면 2023년 대기 중 이산화탄소 농도는 419.3ppm이었다. 419.3ppm의 결과가 1.4 상승이다. 페름기* 말 대기 중 이산화탄소 농도는 8,000ppm이었다. 페름기 말 정도는 아니니까 안심해도 될까? 여기서 놓치면 안 되는 것이 있다. 바로 속도다. 이산화탄소가 늘어나는 양도 문제지만, 빠르게 늘어나고 있다는 점이 더 큰 문제다. 이산화탄소의 절대량보다 증가하는 속도가, 온도의 절대 수치보다 올라가는 속도가 문제다. 이산화탄소가 가파르게 늘어나면서 지구 평균 기온을 급격히 끌어올리기 때문이다.

지구 기온은 우리가 배출한 이산화탄소만큼만 올라갈까? 전혀 그렇지 않다. 초반에는 인류가 배출한 온실가스가 문제였겠지만 나중에는 자연적으로도 온난화가 진행된다. **지구 기온이 계속 상승하여 임계점, 즉 특정 온도를 넘어서면 기온 상승이 걷잡을 수 없이 가속한다.** 제동 장치가 고장 난 기관차가 폭주하듯이, 되먹임 하며 스스로 증폭해 인간이 배출

> **페름기**
> 고생대의 마지막 시대로, 약 2억 9900만 년 전에 시작되어 2억 5200만 년 전에 끝났다. 페름기는 약 4700만 년 동안 이어졌다.

한 것 이상으로 기온을 올린다. 인류는 지금 판도라의 상자를 열고 있다.

되먹임 고리(feedback loop)란 어떤 결과가 다시 원인에 작용하면서 결과가 점점 증폭하거나 감소하는 현상을 말한다. 되먹임 고리가 점점 커지는 것을 '양의 되먹임 고리'라고 하고 점점 줄어드는 것을 '음의 되먹임 고리'라고 한다. 기후 위기와 관련해서는 '양의 되먹임(양성 피드백)'이 문제다. 하나의 현상이 다른 현상을 일으키고, 두 번째 현상이 다시 첫 번째 현상에 영향을 주면서 계속 커진다. 여름철에 트는 에어컨이 대표적이다. 더워서 에어컨을 틀면 실내 온도는 낮아지지만, 실외기에서 내뿜는 열기로 도시 전체는 더 더워진다. 이를 흔히 '열섬'이라고 표현한다.

생물 다양성 위기, 무엇이 문제일까?

기후 위기는 그 자체로도 위협이자 고통이다. 그런데 더 큰 문제는 기후 위기가 생물 다양성(biodiversity)을 급격히 훼손한다는 점이다. 기후 위기는 우리의 생존 방식을 위협하지만 생물 다양성 위기는 생존 자체를 위협한다. 생물 다양성은 지구상에 얼마나 다양한 생물이 분포하는지를 나타내는 기준이다. 생물 다양성은 세 가지를 포함한다. 첫 번째는 살아 있는 종의 다양성, 두 번째는 생물이 서식하는 생태 환경의 다양성, 세 번째는 생물이 지닌 유전자의 다양성이다. 생물 다양성은 생태계의 안정성과 회복력을 높여 주기 때문에 중요하다. 다양한 생물이 공존하면 환경 변화에 잘 적응할 수 있고 물, 식량, 공기 정화 등 생태계 서비스를 지속적으로 제공받을 수 있다. 생물 다양성을 보존하는 일은 지속 가능한 미래를 위해 꼭 필요하다.

온난화가 일어나면 당연히 바닷물도 따뜻해진다. 그에 따라 바닷물에 녹는 산소량이 줄어든다. 바다에 산소가 부족해질수록 바닷물의 pH가 낮아지는 ‘해양 산성화’를 초래한다. 수억 년 동안 바다는 평균 8.2pH의 약알카리 상태를 유지해 왔다. 그러나 산업 혁명 이후 바다의 산성은 30퍼센트나 증가했다. 해양 생명체는 2000만 년 전보다 100배나 빠르게 산성화하고 있다. 지구 온난화, 산소 고갈, 해양 산성화는 '죽음의 3인조'다. 이 세 가지는 페름기 말 화산 활동에서 비롯한 대멸종의 주역이었다.

기후 변화로 기후 조건이 바뀌면 기온 상승, 빙하 해빙, 해수면 상승, 해양 산성화, 극한 기후 현상(집중 호우, 홍수, 가뭄, 태풍, 산불 등)이 증가한다. 생물 종의 생존과 번영에 필수적인 환경 조건이 변하는 것이다. 서식지의 기후 조건이 변하면 생물 다양성이 위협받는다. 달라진 환경에 적응하지 못하는 생물 종은 멸종한다. 지구가 더워지는 만큼 생물이 빠르게 적응하면 아무 문제가 없다. 그렇지 않다는 게 문제다. 원래 살던 곳에서 좀 더 시원한 곳을 찾아 이동하면 문제가 해결될까? 새로운 환경에서 먹이를 찾아야 하는데, 이게 쉽지 않다.

많은 의약품 원료가 자연에서 나오는 만큼 생물 다양성은 인류에게 매우 중요하다. 기원전 5세기경 의학의 아버지 히포크라테스는 환자들의 고통을 줄여 주려고 버드나무 잎을 씹게 했다. 아스피린은 버드나무 껍질에서 추출한 물질로 만든다. 처음에는 버드나무즙인 살리실산이 치료제로 쓰이다가 나중에 살리실산과 아세트산을 합성해 아스피린을 만들었다. 모르핀 같은 통증완화제는 양귀비, 탁솔 같은 항암제는 주목 나무로 만든다.

특히 식물과 미생물은 인간의 면역 체계를 튼튼하게 하는 데 큰 역할을 한다. 식물과 미생물에 들어 있는 특정 성분은 새로운 치료제 개발에 매우 중요하다. 미국 국립암연구소는 지구상에 암세포를 물리치는 효능을 지닌 식물이 3,000종 넘게 존재하는데 그 가운데 70퍼센트가 열대 우림에 서식한다는 연구 결과를 내놓았다.

많은 생물이 급격히 사라지고 있으며, 그 속도가 우리 예상보다 훨씬 빠르다. 지난 40년 동안 유럽에서 4억 마리, 미국에서 30억 마리가 넘는 새가 사라졌다. 개체 수 말고 종의 수는 어떨까? 해마다 2만 5,000종의 생물이 사라지고 있다. 세계기상기구(IPCC)의 생물 다양성 보고서에 따르면, 20세기 초에 비해 멸종한 생물 종의 수가 100배나 증가했다. 인류는 지구상에 유례없는 대량 학살을 벌이고 있다.

과학 잡지 〈네이처〉에 게재된 한 논문에 따르면 2200년이 되면 조류의 13퍼센트, 포유류의 25퍼센트, 양서류의 41퍼센트가 멸종할지도 모른다. 과학자들은 앞으로 10년 안에 100만 종의 동물이 지구에서 멸종할 거라고 경고한다. 지금 일어나는 생물 종 멸종 속도는 인간이 지구에 출현하기 이전과 비교하면 거의 1,000배나 빠르다고 한다. 백악기 말 멸종 속도와 비교해도 1,000배가 빠르다. 그래서 몇몇 과학자들은 현재 여섯 번째 대멸종이 시작되었다고 말한다. 프랑스 국립과학연구센터(CNRS)가 환경생물학 학술지에 게재된 1만 3,000여 편의 논문을 분석한 결과 많은 과학자가 현재 대멸종이 진행 중인 것으로 본다는 결론에 도달했다.

다섯 번의 대멸종은 자연의 법칙에 따라 일어났다. 그런데 여섯 번째 대멸종은 자연이 아니라 인간이 앞당기고 있다. 과학자들은 지금까지 총 다섯 차례의 대멸종에서 최상위 포식자들이 예외 없이 모두 사라진 것으로 미루어 보아, 여섯 번째 대멸종에서는 최상위 포식자인 인간의 생존 역시 위험하다고 경고한다. 인류는 우주에서 우리가 알고 있는 유일한 보금자리와 생명 공동체를 망친 비싼 대가를 치르게 될 것이다.

미래가 어둡다고?

미국 하버드대학, 영국 유니버시티칼리지런던(UCL), 버밍엄대학, 레스터대학 공동 연구팀은 2021년 2월 9일, 화석 연료로 인한 대기 오염으로 얼마나 많은 사람이 사망했는지 발표했다. 결과는 충격적이었다. 전 세계 사망자 가운데 18퍼센트, 그러니까 다섯 명 중 한 명이 화석 연료에 따른 대기 오염 때문에 숨졌다. 2018년 기준, 그 수는 자그마치 870만 명에 이른다.

대기 오염으로 한 명이 사망했다고 하면 한 명만 주목하기 쉽다. 그러나 공해로 한 명이 죽을 때는 심각한 환자 열 명이 있고, 더 나아가 환경성 질환자 백 명이 있으며, 백 명 이상이 목이 칼칼한 고통을 느낀다고 한다. 즉, 한 명이 죽을 때는 백 명보다 훨씬 많은 사람이 괴로움을 겪는 것이다. 그렇다면 870만 명이 숨진다는 건 뭘까? 전 세계 8억 명 넘는 사람이 대기 오염으로 괴로워한다고 봐야 한다. 피라미드 구조다. 물은 가려 마실 수 있지만, 공기는 가려 마실 수 없다.

기후 위기는 대기 오염보다 더 심각한 문제다. 미국 듀크대학 드루 신델 교수가 이끄는 연구진은 지구 평균 기온이 2도 올라가면 1.5도 상승 때보다 대기 오염으로 죽는 사람이 1억 5,000만 명 더 늘어난다고 내다봤다. 1억 5,000만 명은 홀로코스트 희생자의 스물다섯 배에 달하는 규모다. 매년 아무런 명분도 없이 홀로코스트 사망자를 웃도는 많은 사람이 기후 때문에 죽을지 모른다. 총 한 방 쏘지 않고도 수억 명의 목숨을 앗아 가는 '기후 전쟁'의 시대가 올 것이다. 전쟁 같은 날들이 일상이 될 것이다.

국제이주기구(IOM)는 2009년 열린 제15차 기후 변화 협약 총회에서 2050년에는 기후 변화에 따른 자연재해로 최대 10억 명의 난민이 발생할 것이라는 보고서를 발표했다. 이러한 난민을 기후 난민, 생태학적 난민이라고 한다. 생태학적 난민은 가뭄과 사막화뿐만 아니라 해수면 상승, 홍수, 태풍, 폭설, 한파, 대기 오

단위: 100만 명

지표	1.5도		2도	
	노출	취약	노출	취약
물 부족	3,340	496	3,658	586
폭염	3,960	1,187	5,986	1,581
거주지 감소	91	10	680	102
농작물 변화	35	8	362	81

기온 상승에 따른 위험 노출 규모 및 취약 인구 비교

염 등 다양한 자연재해 탓에 발생한다. 난민 발생 지역은 개발 도상국에 집중돼 있다.

〈네이처〉에 따르면 지구 온도는 2028년 1.5도 상승에 도달한다. '1.5도'는 세계가 2100년까지 넘기지 않도록 합의한 목표치(tipping point)다. 문제는 지구 기온이 그 이상 오를 가능성도 있다는 사실이다. 만약 기온이 앞으로 1.5도를 넘기고 3도까지 오르면 어떻게 될까? '인간 멸종'을 우려해야 할 만큼 끔찍하고 암울한 미래가 기다린다.

"A 3°C world has no safe place." 영국 시사 주간지 〈이코노미스트〉의 2021년 7월 24일 자 기후 변화 특집 제목이다. "3도 세계에는 안전한 곳이 없다"라는 뜻이다. 세계적 기상 재난 사례를 들며 지구 기온이 산업화 이전보다 3도를 넘어설 경우를 경고한 기사다. 유엔환경계획(UNEP)은 "현재 추세대로면 2100년 이전에 3.2도 상승할 것"이라고 예측했다. 지금 추세라면 2063년~2070년 기온 상승 폭은 3도에 달할 전망이다. 인류의 파멸을 부를 비극적 시나리오다.

상황은 빠르게 나빠지고 있다. 기후 변화에 관한 정부 간 협의체의 〈제5차 평가 보고서〉는 이대로 가면 2100년경에는 최대 4.8도 상승할 것으로 예상했다. 그런데 2021년 〈제6차 평가 보고서〉는 최대 5.7도 상승을 전망했다. 또 2018년 〈지구 온난화 1.5도 특별 보고서〉는 지금처럼 온실가스를 배출한다면 2030년~2052년에 지구 기온이 1.5도 상승할 것으로 경고했지만, 〈제6차 평가 보고서〉는 그 시기를 2021년~2040년으로 10년이나 앞당겼다. 2024년, 이미 1.5도 저지선 안에 들어선 것이다.

미국 국방부 비밀 보고서인 〈펜타곤 보고서〉는 2005년 처음으로 세상에 알려졌다. 보고서는 기후 위기 대응을 테러 근절이나 석유 확보 못지않은 국가 안보상의 최우선 과제로 명시했다. 기후 재앙으로 지구촌 곳곳에서 식량난, 식수난, 에너지난 등의 혼란이 가중되고, 전쟁과 자연재해로 수백만 명이 사망하는 등 전 지구적 재앙을 실감 나게 그리며 그에 따른 강력한 '국방 태세'를 주문했다. 이미 20년 전부터 그렇게 예측한 것이다. **기후 위기는 먼 미래의 일이 아니다. 당대의 사건이자 임박한 파국이다.**

생각을 바꾸고 행동에 나서야 한다고?

〈지구가 멈추는 날〉(2008)은 외계인의 지구 침공을 다룬 SF 영화다. 영화에서 외계인 클라투는 지구를 대표하는 미국 국방부 장관과 다음과 같은 대화를 나눈다.

> 장관: 왜 우리 행성에 왔습니까?
>
> 클라투: 당신네 행성?
>
> 장관: 예, 여기는 우리 행성입니다.
>
> 클라투: 아니, 그렇지 않습니다.
>
> 장관: 당신은 우리의 친구인가요?
>
> 클라투: 나는 지구의 친구입니다.

장관이 말한 '우리(인간)의 친구'와 외계인이 말한 '지구의 친구'는 같지 않다. 인간 문명에 의해 위기에 처한 지구를 구하려는 외계인의 목적은 '인간 침공'이지 '지구 침공'이 아니다. **인간은 마치 지구가 자기 것인 양 생각하지만, 절대 그렇지 않다.** 지구는 현세대의 것이 아니다. 우리는 지구의 주인이 아니라 손님이다. 잠시 머물다 가는 손님 말이다. 지구는 인간을 위해 존재하는 게 아니다. 지구는 인간 소유물이 아니라 거대한 생명체다. 그 안에서 모든 것은 이어져 있다.

"우리는 압니다. 이 땅은 인간의 소유물이 아닙니다. 오히려 인간이 이 땅의 소유물입니다. 우리는 압니다. 가족이 한 핏줄로 묶여 있듯이 만물은 하나로 이어져 있습니다. 대지에 무슨 일이 닥치면 그것은 대지의 자식인 우리에게도 닥치는 법입니다." 아메리카로 건너온 유럽인들이 그 땅에 살던 인디언들에게 땅을 넘기라고 요구하자 시애틀 추장은 이렇게 응수했다. 인류의 지혜로운 조상들은 '만물이 하나로 이어져 있다'는 사실을 잊지 않았다.

그러나 우리는 그런 지혜를 잊고 산다. 모두가 연결돼 있다는 사실은 관념에 가까웠다. 인터넷을 통해 먼 나라 사람들의 일상을 속속들이 들여다볼 수 있지만, 여전히 먼 나라의 일일 뿐이었으니까. 2020년 어느 날, 그린란드에서 빙붕*이 떨어져 나왔다는 소식이 들려왔어도 '강 건너 불'이었다. 떨어져 나간 빙붕 크기가 파리시(市)보다 더 컸는데도, 다들 멀쩡히 지냈다.

코로나19가 전 세계를 덮쳤다. 각국은 국경을 걸어 잠갔다. 다른 사람과 2미터 이상 거리 두기는 역설적으로 우리가 얼마나 가까운 존재인지 깨닫게 했다. 내가 내쉰 공기가 누군가의 폐로 들어가고, 누군가가 내쉰 공기가 내 폐로 들어온다. 서로의 숨이 섞이고 스민다. 서로가 연결되

빙붕
바다 위를 둥둥 떠다니는 커다란 얼음덩이를 가리킨다.

어 있다는 사실은 관념이 아니라 진실이었다. 코로나19는 현대인이 하나로서의 인류를, 전체로서의 지구를 실감하게 해 준 사건이 아닐까?

우리는 서로 연결돼 있다. 사람과 물자와 정보가 자유롭게 국경을 넘나들며 세계를 묶고 있다. 사람과 사람뿐만 아니라 사람과 자연, 자연과 자연도 이어져 있다. 우리 눈에는 보이지 않지만, 커다란 끈이 우리를 묶고 있다. 옛날 인디언들은 친구나 낯선 사람을 만나면 "미타쿠예 오야신"이라는 인사말을 건넸다. 우리가 서로 이어져 있다는 뜻이다.

지구에서 살기 어렵다면 우주로 나가 살면 될까? 일론 머스크가 제안하는 '화성 이주'는 대안이 될 수 있을까? 먼 미래에 화성 이주가 가능해지더라도 이주권은 소수에게 주어질 것이다. 게다

가 현재로서는 다른 행성으로 이주하는 일이 기술적으로 불가능하다. 물리학자 스티븐 호킹은 이렇게 말했다. "우리가 거의 알지 못하는 환경에서도 버틸 수 있는 새로운 생태계를 건설할 수단을 찾아내야 하며, 수많은 사람과 동물, 식물, 균류, 박테리아, 곤충을 어떻게 나를지도 고려해야 한다." 스티븐 호킹의 말처럼 이 모든 것을 어떻게 나를 것인가? 간단한 문제가 아니다.

그렇다면 거대한 우주선을 만들어서 우주를 떠도는 건 어떨까? 성경에 나온 대홍수를 모티브로 삼은 영화 〈2012〉(2009)처럼 종말의 순간에 배에 탑승할 이들은 소수다. 돈과 권력을 거머쥔 이들이다. 혹 극소수의 보통 사람들이 배에 탄다 해도 달라질 건 없다. 영화 〈설국열차〉(2013)가 보여 주듯 부유층이 탄 앞 칸과 극빈층이 탄 꼬리 칸이 철저히 구분된 채, 뒤쪽 칸에 탄 이들은 차별받을 것이다. 세상이 무너져도 세상을 지배하는 질서는 끈덕지게 살아남을 것이다.

우주로 나가면 된다는 발상 자체가 잘못 아닐까? 지구를 망쳐 놓고 다른 행성을 찾겠다니. '호텔 캘리포니아'를 부른 그룹 이글스의 리드 보컬 돈 헨리는 공연 중에 이런 농담을 던졌다. "외계인은 절대로 지구에 오지 않는다. 너무 오염됐기 때문이다." 병들고 오염된 지구 환경은 우리 영혼이 병들고 오염된 결과가 아닐까? 그러나 아무도 스스로 병들고 오염됐다고 생각지 않는다. 어느 시인의 말처럼 모두 병들었는데 아무도 아프지 않다.

우리가 오염된 정신으로 새로운 행성에 정착한다면 그 행성을 다시 오염시킬 것이다. 그 행성이 망가지면 새로운 행성을 또 찾을 건가? 그렇게 우주를 떠돌며 온통 망쳐 놓을 셈인가? 결국 지구만이 이 우주에서 인간이 살 수 있는, 유일한 행성이다. 아직까지, 그리고 앞으로 꽤 오랫동안 말이다. 그렇다 해도 인간은 지구별의 주인이 아니다. 우주의 주인은 더더욱 아니다.

기후가 무서운 속도로 변하고 있다. 우리도 변해야 한다. 기후가 변하는데, 우리만 변하지 않을 수 없다. 그렇지 않으면 모두가 엄청난 대가를 치러야 한다. 지속 가능한 세계는 지속 가능한 자연 안에서 가능하다. 무분별한 소비, 무분별한 개발을 당장 멈춰야 한다. 우리가 당장 행동하지 않으면 짙은 어둠이 인류를 덮칠지 모른다. "어두운 밤을 쉬이 받아들이지 말라"는 시인 딜런 토머스의 말이 어느 때보다 간절하게 다가오는 문명의 황혼 녘이다.

과학자 호프 자런은 《나는 풍요로웠고, 지구는 달라졌다》에서 "문제를 만들어 내는 인간의 능력 어딘가에 그 문제를 해결할 수 있는 능력 또한 숨어 있다"라고 말했다. 인간이 문제를 만들었다면 해결할 수도 있다. 〈인터스텔라〉에서 주인공 쿠퍼는 멸종 위기에 처한 인류가 새롭게 정착할 행성을 찾아 우주여행을 떠나며 나지막이 속삭인다. "우리는 답을 찾을 것이다. 늘 그랬듯이."

인터스텔라

2014년 개봉 | 크리스토퍼 놀런 감독 | 매슈 매코너헤이, 앤 해서웨이 등 출연

각국 정부가 무너지고 경제도 완전히 파탄 난 미래가 다가온다. 20세기 인류가 저지른 잘못으로 땅이 메마르고 병충해까지 찾아오면서 남은 작물은 이제 옥수수뿐이다. 전 세계 사람들은 식량난으로 허덕이며 굶주린다. NASA도 해체되고 없다. 이때 시공간에 불가사의한 틈이 생기고, 우주 비행사들에게 이곳을 탐험해 인류를 구해야 하는 임무가 주어진다. 그들은 사랑하는 가족을 뒤로하고 인류의 희망을 찾아 우주로 떠난다. 우주 비행사들은 물의 행성, 얼음의 행성 등 인류의 새로운 터전을 찾아서 사투를 벌인다.

물 분쟁이
벌어질 거야.

자원 고갈

매드맥스: 분노의 도로

오늘 많이 누리는 만큼 내일 누릴 양은 줄어든다. 즉 현세대의 풍요는 미래 세대에게 전가되는 생태적 빚이다. 현세대의 풍요는 후세대의 빈곤을 대가로 한다.

지금처럼 살려면 몇 개의 지구가 필요할까?

자원이 고갈되면 어떻게 될까?

1851년 작가 허먼 멜빌이 《모비딕》을 발표했다. 고래를 잡기 위한 치열한 항해 과정을 담은 작품이다. 고래 사냥은 목숨을 걸 만큼 위험했지만, 《모비딕》이 발표된 19세기 중반까지만 해도 많은 사람이 고래를 사냥했다. 고래에서 얻을 수 있는 귀한 자원, 특히 고래기름 때문이었다. 석유가 발견되기 전까지, 고래기름은 인류에게 중요한 에너지원이었다. 등불, 양초, 실내등, 가로등, 등대로 어둠을 밝힐 때도 고래기름이 사용됐다. 19세기까지 고래기름은 말 그대로 어둠 속 인류에게 빛을 선사해 주었다.

그러나 1859년 미국 펜실베이니아 타이터스빌에서 석유를 발견하면서 상황이 바뀌었다. 석유는 유정(油井) 한 곳에서 하루에 3,000배럴을 생산할 수 있지만, 고래잡이로는 3년 동안 겨우 4,000배럴의 기름을 얻을 수 있었다. 생산이 쉽고 다양한 용도로 사용할 수 있는 석유에 관심이 집중될수록 고래기름의 인기는 식었다. 석유는 산업 사회에서 최고의 자원이었다. 석유를 거머쥔 자가 세계를 지배했다. 기후 위기로 석유는 영향력이 조금씩 줄어들고 있지만, 여전히 막강한 힘을 발휘한다.

석유를 비롯한 자원이 고갈된 세상은 어떤 모습일까? 〈매드맥스: 분노의 도로(Mad Max: Fury Road)〉(2015)는 이를 잘 보여 준다. 영화는 핵전쟁으로 인류가 멸망한 22세기가 배경이다. 지구는 황폐해졌고 사막으로 변했다. 모래사막, 소금사막, 바위사막 등 온갖 사막이 등장한다. 생명이라고는 찾아보기 어렵다. 방사능 오염으로 식량난이 극심하다. 하루하루 목숨을 부지하는 데 급급한 형편이다. 음식은 물론 마실 물조차 귀해졌다. 깨끗한 물은 아주 적다. 지하 깊은 곳에서 방사능에 오염되지 않은 물을 길어서 써야 한다.

사회 질서는 무너진 지 오래다. 법도 윤리도 없다. 오직 폭력만이 정의인 세상이다. 살아남기 위해 서로 죽고 죽인다. 병자와 장애인, 노인과 여성 등 약자의 처지는 비참하다. 간신히 살아남은 자들은 군데군데 마을을 이루며 생활한다. 그중 하나가 시타델

38

(citadel)이다. 시타델의 지배자는 잔혹한 독재자 임모탄이다. 물과 기름을 거머쥔 임모탄은 생존자들을 지배하고 학대한다. 사람들을 잡아다가 노예로 삼는다. 남자는 피를 제공하는 '피 주머니' 노예로, 여자는 '출산과 모유 생산'의 도구로 쓴다.

영화에는 "Who killed the world?"라는 표현이 등장한다. 등장인물이 반복해서 되묻는 "누가 세계를 망쳤지?"라는 대사는 영화가 끝나고도 귓가를 맴돈다. 자원을 마구 쓰고 환경을 파괴하는 동안 지구 환경은 질식 상태에 빠졌다. 인류가 지금처럼 살아가려면 한 개의 지구만으로는 부족하다. 우리가 누리는 풍요를 뒷받침하려면 몇 개의 지구가 필요할까?

자원 고갈까지 얼마 남지 않았다고?

1798년 영국 경제학자 맬서스는 《인구론》에서 인구는 기하급수적으로 증가하는 반면 자원은 산술급수적으로 증가하므로 재앙을 피할 수 없다고 주장했다. 이를 '맬서스 함정(Malthusian trap)' 이라고 부른다. 인류의 위기를 분석하고 대책을 세우는 민간 단체 로마 클럽이 1972년 《성장의 한계》라는 보고서를 발표했다. 이 보고서는 산업 문명의 붕괴 가능성을 점치며 성장의 한계가 다가오고 있다고 경고했다. 과도한 자원 사용과 환경 파괴를 주된 이유로 들었다. 이 책은 전 세계적인 베스트셀러가 되며 국제적으로 인정받았다.

맬서스와 로마 클럽의 경고는 예상에서 벗어났다. 맬서스가 우려한 식량 부족은 질소 비료의 탄생으로 사실상 해결돼 이제는 공정한 분배의 문제로 바뀌었다. 생산량은 충분한데, 공정하게 분배되지 못해 문제인 것이다. 로마 클럽은 2010년 전후로 석유가 고갈될 거라고 예고했지만, 셰일 가스가 등장하면서 예상이 빗나갔다. 시추* 기술의 발전으로 잔존 가용량이 크게 늘어났다. 맬서스와 로마 클럽의 예측은 과학 기술의 발전을 간과해서 빗나간 걸까?

그들이 틀린 것이 아니다. 그저 파국이 조금 늦춰졌다고 봐야 한다. 석유의 경우 고갈 시점이 미뤄졌을 뿐이다. 세계 최대 산유국 사우디아라비아에서 회자되는, '석유 종말'을 예견하는 우스갯소리가 하나 있다. "내 아버지는 낙타를 타고 다녔고, 나는 자동차를 타고 다닌다. 내 아들은 전용기를 타고 다니겠지만, 내 손자는 다시 낙타를 타게 될 것이다." 언젠가 석유가 바닥나면 지금 누리는 풍요도 끝난다는 이야기다. 농담으로 흘려들을 수 있지

시추 지하자원을 탐사하거나 지층의 구조를 조사하기 위해 땅속 깊이 구멍을 뚫는 일을 뜻한다.

만, 지구의 지속 가능성과 인류의 미래를 염려하는 생태론에 비춰 보면 가볍게 넘길 수 없는 우스갯소리다.

석유만 유한한 게 아니다. 천연자원(화석 연료 및 광물) **고갈도 심각하다.** 2023년 유럽 화학협회(EuChemS)는 주기율표 수정안을 발표했다. 자연에 존재하는 90개 원소가 향후 100년 동안 얼마나 소진될지를 예측한 수정안이었다. 그 결과 원소 절반을 자유롭게 이용하는 데 제한이 있을 것으로 내다봤다. 협회는 그중 12개 원소가 고갈될지 모른다고 경고했다. 이 주기율표는 계속 업데이트

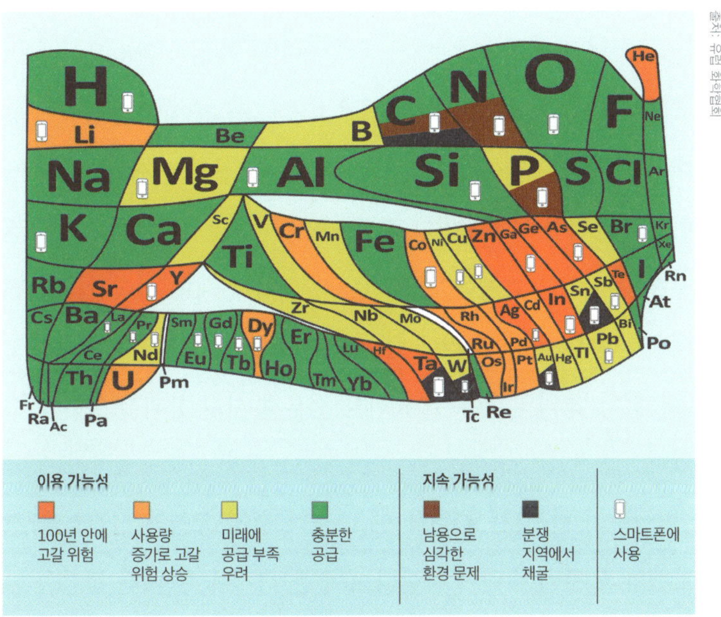

고갈 위기에 처한 원소들

되고 있다. 고갈되는 원소가 점점 늘어난다는 뜻이다.

물, 해양 자원, 산림 자원도 고갈되고 있다. 환경 파괴와 지구 온난화로 생물 다양성도 위협받는다. 석유를 비롯한 자연 자원은 무한하지 않다. 지구상의 모든 자원이 다 유한하다. 그런데도 우리는 지금 당장 다 써 버릴 기세로 지구의 자원을 소비한다. **현재의 인류가 미래의 자원을 끌어다 쓰는 셈이다. 자기 몫을 넘어서 미래 세대의 몫까지 마구 쓰고 있다.**

맬서스의 이론이나 로마 클럽의 경고가 완전히 빗나간 것은 아니다. 인간이 환경에 묶인 존재라는 맬서스의 통찰력은 예리했다. 로마 클럽의 예측 역시 후속 연구로 틀리지 않았음이 확인됐다. 2021년 세계적인 회계 법인 KPMG의 지속 가능성 연구팀이 보고서를 공개했다. 출간 50년이 된 《성장의 한계》를 최근 데이터로 증명한 보고서였다. 그에 따르면 《성장의 한계》가 내린 결론은 여전히 유효했다. 보고서는 지금처럼 계속 살아간다면 전 세계가 향후 10여 년 안에 돌이킬 수 없는 경제 위기를 겪는다고 예측했다. 최악의 경우 2040년을 전후로 사회 붕괴가 일어날 수 있다.

《성장의 한계》는 수련을 예로 들며 환경 오염의 심각성을 경고했다. 연못에 수련이 자란다. 수련은 하루에 두 배씩 면적을 넓혀 간다. 수련이 연못을 완전히 뒤덮으면 연못 속 다른 생물들은 질식해 죽을지 모른다. 수련이 자라기 시작한 지 29일째 되는 날이다. 연못 절반이 수련으로 덮였다. 수련이 아직 연못의 절반밖에 덮지 않았으니까 걱정하지 않아도 될까? 그렇지 않다. 내일이면 수련이 연못을 모두 덮을 것이다. 수련이 하루에 두 배씩 자라기 때문에 남은 시간은 단 하루뿐이다. 아직 연못 절반이 멀쩡하다고 태연해할 상황이 전혀 아니다.

식량이 위기라고?

기원전 1000년에 세계 인구는 고작 100만 명이었다. 기원후 1000년에는 3억 명, 1500년경에는 5억 명, 1800년경에는 10억 명이었다. 1975년에는 40억 명이 됐다. 세계 인구가 70억 명을 넘어선 때는 2011년이다. 이제는 80억 명이다. 2050년에는 100억 명에 달할 것으로 전망한다. 생물학자 에드워드 윌슨은 "20세기의 인구 증가 패턴은 영장류적이기보다 세균적이었다"라고 지적했다.

세계 인구가 급증하는 원인은 늘어난 평균 수명이다. 기원전 4세기 그리스인의 평균 수명은 18살이었다. 조선 시대 평균 수명은 40살이었고, 19세기 중엽 유럽 선진국의 평균 수명은 45살이었다. 현재 선진국의 평균 수명은 대부분 80살이 넘는다. 2100년 평균 수명은 100살로 예측된다.

인구 증가와 함께 식량 위기도 심각해지고 있다. 식량 위기란 식량 수요와 공급의 균형이 깨져서 가격이 오르고, 식량 부족으로 영양 결핍과 기아가 발생하는 상황을 말한다. 식량 위기의 원인은 다양하다. 가장 큰 원인은 전 세계 인구 증가다. 전 세계 인구 증가는 식량 수요를 증가시킨다. 늘어나는 세계 인구를 부양하려면 2050년까지 식량을 35퍼센트 더 생산해야 한다.

그러나 지금과 같은 추세라면 그렇게 하기 어렵다. 지구 온난화로 식량 생산량이 줄어들기 때문이다. 지구 온난화로 가뭄, 산불, 해수면 상승 등 재난 발생이 증가하면서 토양과 물 자원이 감소하고, 작물의 생육 조건이 나빠진다. 특히 열대 지방에서 곡물 생산량이 크게 줄어들 것으로 예상된다. 식량 가격은 계속 오르고, 식량 공급망은 불안정해질 것이다.

2050년 지구의 온도는 1도 이상 올라간다. 그렇게 되면 곡물 생산량은 10퍼센트가량 줄어든다. 2019년 2월 열린 세계경제포럼(WEF)에서는 "현재의 식량 시스템이 위기에 처했다"라며 경고했다. 지속 가능한 수준보다 더 추출하고 사용하면서 자연적 균형이 벼랑 끝에 내몰렸다는 뜻이다. 지구가 버틸 수 있는 인구는 얼마일까? 100억 명 전후라는 의견이 많지만, 100억 명은 그야말로 최대치다. 인류가 고루 쾌적하게 살아가려면 그보다 더 적어야 하지 않을까?

식량 위기는 전 세계적인 문제이지만, 특히 우리나라는 식량 자급률이 낮아서 더욱 심각하다. 우리나라의 곡물 자급률은 대략 20퍼센트 수준이다. 2000년만 해도 곡물 자급률이 31퍼센트였는데, 계속 떨어진 결과다. 쌀은 거의 자급하지만 연간 250만 톤이나 소비하는 밀은 전적으로 수입에 의존한다. 옥수수와 콩 자급률은 각각 3퍼센트, 25퍼센트에 불과하다. 이처럼 우리나라는 식량 수입에 크게 의존하는 상황인데, 기후 변화로 공급망이 갈수록 불안정해지고 있다. 20퍼센트 자급률로는 곡물 수입망이 끊겼을 때 생존을 장담하기 어렵다.

식량농업기구(FAO)의 보고서에 따르면 1984년 인류가 생산한 식량의 양은 120억 명을 먹여 살릴 수준이었다고 한다. 현재 전 세계 인구가 80억 명 정도이니, 40여 년 전부터 전 세계인이 충분히 먹고도 남을 만큼의 식량을 생산해 왔다. 그러나 2022년 기준 굶주림에 시달리는 인구가 7억 8,300만 명에 달한다. 한쪽은 식량이 풍부해 음식 쓰레기가 넘치고 비만을 걱정하지만, 다른 쪽은 여전히 수많은 사람이 굶주림에 시달리고 있다. 지금도 이러한데, 식량이 부족해지면 더 불평등해지지 않을까?

물 부족이 위기를 불러온다고?

식량만큼 중요한 자원이 바로 물이다. 사람은 물 없이 살 수 없다. 우리 몸은 70퍼센트가 물로 이루어져 있다. 몸에서 수분이 10퍼센트만 빠져도 목숨이 위태롭다. 사람은 음식을 먹지 않아도 물만 있으면 꽤 긴 기간 살 수 있다. 그러나 물을 마시지 못하는 기간이 열흘을 넘기면 목숨을 잃는다. 물은 생존과 직결되는 자원이다.

전 세계 80억 인구가 지구상에 존재하는 물의 0.8퍼센트에 기대어 살아간다. 지구에는 자그마치 14억 제곱킬로미터의 물이 있다. 그러나 그중 97.5퍼센트가 바닷물이다. 바닷물은 염분 탓에 식수로 쓸 수 없다. 나머지 2.5퍼센트의 물조차 식수나 농업용수 등으로 바로 이용하지 못한다. 많은 물이 얼어 있거나 지하수로 저장되어 순환하지 않기 때문이다. 1.7퍼센트 정도의 빙하나 만년설 등을 제외하면, 우리가 쓸 수 있는 강물, 호수 물, 지하수는 고작 0.8퍼센트에 불과하다. **물은 쓸 수 있는 양이 제한적이고, 대체품이 없다.**

1퍼센트도 안 되는 물조차 불평등하게 공급된다. 세계보건기구와 유니세프는 2015년에 〈마시는 물과 위생의 진전 상황〉이라는 보고서를 발표했다. 보고서에 따르면 수인성 질병, 즉 오염된 물로 퍼지는 감염성 질병으로 매일 1,000명의 아이가 죽어 간다. 매년 80만 명이 콜레라, 이질 등 수인성 질병 탓에 사망한다. 또 화장실이 없어 길에서 배변하는 인구도 11억 명에 이른다. 바닷물을 식수로 만드는 담수화 기술이 있지만, 어차피 그림의 떡이다. 담수화 기술에는 돈이 많이 들어간다.

기후 위기로 물 부족은 더욱 심각해질 것이다. 기후 변화에 관한 정부 간 협의체 6차 보고서는 현재 "인류의 절반 이상(약 40억 명)이 물 부족을 겪고 있다. 많은 지역에서 폭우가 강해지고 빈번해져 연 강수량은 대체로 증가했으나, 지역 간 편차가 커서 물 부족이 심화하고 있다"라고 지적했다. 가상 시나리오는 끔찍했다.

지구 온도가 2도 오르면 4억 1,000만 명에 달하는 도시 인구가 추가로 물 부족 문제를 겪고, 지구 인구의 3분의 1이 수인성 질병이나 감염병에 노출된다.

물이 부족해질 미래에는 국가 간 분쟁이 늘어날 것이다. 현재 전 세계 인구의 절반은 물 부족 지역에서 생활하며, 머지않아 이 비율은 3분의 2로 늘어날 것으로 보인다. 당장 2025년부터 인류의 22퍼센트가 '절대적 물 부족' 지역에서 살게 될 것이다. '절대적 물 부족' 지역은 재생 가능한 물 보유량이 1인당 500세제곱미터 미만인 곳이다. 인간이 풍요롭게 물을 쓰고 살려면 물 보유량이 1,700세제곱미터를 넘어야 한다. 이에 따라 국가 간 혹은 유역 간 물 분쟁이 우려된다. 메콩강이 흐르는 중국, 미얀마, 라오스, 태국, 캄보디아, 베트남 등과 나일강이 흐르는 이집트, 수단, 에티오피아, 탄자니아, 우간다 등은 이미 강을 두고 주변국들과 갈등을 빚고 있다.

물이 부족해지면 공공재인 물을 사유화할지도 모른다. 경제적 어려움에 처한 볼리비아는 1997년에서 2001년까지 두 차례에 걸쳐 상하수도 운영권을 기업에 넘겼다. 이후 수도 요금이 네 배 가까이 오르자 성난 시민들이 강하게 반발했다. 시위를 진압하는 과정에서 사상자도 많이 발생했다. 이런 일이 다른 나라에서 일어나지 말라는 법이 없다.

우리나라는 사정이 괜찮을까? 경제협력개발기구(OECD)는 우리나라가 2050년 OECD 회원국 가운데 물 부족으로 가장 큰 고통을 받을 것이라고 경고했다. 기후 변화로 인해 물 부족은 더욱 심해질 것이다. 그렇다면 지금은 왜 물이 부족하다고 느끼지 못할까? 댐과 저수지 등을 건설하여 물 공급량을 확보하고 수질을 적절히 관리하기 때문이라고 생각할 수 있지만, 진짜 이유는 다른 곳에 있다. 가상수(virtual water) 덕분이다.

가상수는 제품을 생산하는 과정에서 사용되는 물의 총량을 나타내는 개념이다. 쌀 1킬로그램을 생산하는 데 약 2,497리터의 물이, 소고기 1킬로그램을 생산하는 데 약 15,415리터의 물이 필요하다. 즉, 쌀 1킬로그램과 소고기 1킬로그램을 수입하면 각각 물 2,497리터, 15,415리터를 수입한다는 뜻이다. 선진국에서 위생을 위해 물을 물 쓰듯 사용하는데도 부족하다고 느끼지 못하는 것은 이런 가상수의 수입 덕분이다.

결국 우리가 물을 소비하지 않더라도 농산물을 수출하는 나라는 막대한 물을 소비한다. 농업으로 먹고사는 나라들이 물 부족으로 고통받는 이유다. 한국은 일본, 네덜란드 등과 함께 손꼽히는 가상수 수입국이다. 2020년 발표된 미래자원연구원의 연구 결과에 따르면, 한국이 전 세계에서 수입한 가상수의 양은 수출한 양보다 29배나 많았다.

 매년 3월 22일은 국제연합이 지정한 '세계 물의 날'이다. 전 세계에 물의 소중함을 알리고 물 부족 문제를 해결하기 위해 협력하자는 뜻으로 1992년 제정됐다. 2019년 '세계 물의 날'에 국제연합이 발표한 주제는 '누구도 소외되지 않게'였다. 세상 모든 사람이 차별 없이 깨끗한 물을 공급받아야 한다는 메시지를 담고 있다.

인류세의 시대라고?

인간은 거의 모든 곳에, 거의 모든 것에 자신의 지문을 남겼다. 온실가스와 대기 오염 물질은 물론이고 플라스틱, 콘크리트, 방사성 물질, 한 해 버려지는 수백억 마리 닭 뼈까지. **땅속에, 바닷속에, 대기 중에 인간의 지문이 닿지 않은 곳이 없다.**

기술권
문명을 통해 지구에 생겨난 모든 생산물을 말한다. 2014년 환경공학자 피터 해프가 처음 제안했다.

이쑤시개부터 피라미드까지 인간이 만든 모든 것의 무게, 즉 기술권(technosphere)*의 무게는 지구상에 존재하는 생물들의 무게, 즉 생물권(biosphere)*의 무게보다 여덟 배 더 크다. 문명의 총

무게는 30조 톤에 달한다. 인류가 지구 표면에 부려 놓은 것들의 무게는 1제곱미터당 50킬로그램에 이른다.

그런데도 우리는 여전히 최초의 인간처럼 행동한다. 만들어 쌓고 버리고, 다시 만들어 쌓고 버리고를 무한 반복 중이다. 플라스틱 쓰레기는 자외선이나 파도의 영향으로 작게 부서져서 미세 플라스틱(microplastic)이 된다. 극지방에서도 미세 플라스틱이 발견되고 대기의 가장 바깥쪽 외기권에는 위성 쓰레기가 가득하다. 덴마크 연구진이 계산해 보니 지금 당장 인류가 사라져도 자연이 원래 상태를 회복하기까지 500만 년이 걸린다고 한다.

지금까지 이런 시대는 없었다. 지구 땅덩어리 중에서 인간의 손길이 미치지 않은 곳은 4분의 1 정도다. 이 추세라면 30년 뒤에는 사막이나 극지방, 산악 지대 등 인간의 손길이 닿지 않은 채로 남아 있는 곳은 지표면의 10퍼센트 정도뿐일 것이다. 인간이 사는 도시 면적은 매년 4억 제곱미터씩 증가하고 있다. 농지 개간을 위한 산림 벌채는 매우 심각하다. 지표면의 40퍼센트를 인간의 먹을거리를 기르는 데 사용한다. 전 세계 담수 4분의 3을 인간이 통제한다. 인간 때문에 빙하가 녹아내리고 물고기의 보금자리인

산호초가 고사한다.* 물고기를 남획해 바다도 텅 비어 간다.

지구 표면만 달라진 게 아니다. 지구에 사는 동물의 비율도 크게 달라졌다. 반려동물을 포함하면 지구 생물량의 65퍼센트가 가축이고, 32퍼센트가 인간이며, 야생 동물은 기껏해야 3퍼센트에 불과하다. 닭은 가장 대표적인 가축이다. 전 세계에서 344억 마리의 닭을 기른다. 한 해 소비되는 닭은 800억 마리에 달한다. 즉, 먹고 버린 닭 뼈가 어마어마하다는 뜻이다. 훗날 인류세를 대표할 화석으로 닭 뼈를 뽑을 정도다. 먼 미래에 외계인이 인류가 사라진 지구를 방문한다면 닭이 지구를 지배했다고 오해할지 모른다.

인류가 지구에 미치는 엄청난 영향력을 고려해 만들어진 개념이 '인류세(anthropocene)'다. 인간이 지구의 운명을 좌우하는 시대가 왔다는 사실을 단적으로 표현한 개념으로, 인간이 지배하는 지질 시대를 가리키는 용어다. 오존층 연구로 노벨상을 받은 파울 크뤼천이 제안했다. 지질 연대표상 현재는 '홀로세(1만 1700년 전~현재)'*에 속하지만, 산업 혁명 이후 인간이 지구의 땅과 대기를 바꾸고 있다는 의미에서 붙여졌다.

모아이 석상으로 유명한 이스터섬 문명이 갑자기 붕괴한 원인

고사하다 나무나 풀 따위가 말라 죽다.

은 17세기 중반 찾아온 소빙
하기로 기후가 달라져서였다.
기후 변화를 견디지 못한 결
정적인 이유가 있었다. 당시
이스터섬은 거대 석상을 제
작하고 장례를 사치스럽게 치
르는 문화를 좇느라 무분별

하게 나무를 베어다 썼다. 나무가 부족해지자 바다로 고립된 이
스터섬 경제는 급격히 무너지기 시작했다.

숲의 성장과 파괴는 문명의 흥망성쇠와 함께했다. 숲이 파괴되
면서 함께 몰락한 문명이 많다. 메소포타미아 문명과 인더스 문

명은 대표적 문명 발상지다. 두 곳은 한때 지구상에서 가장 번성한 곳이었다. 거대한 도시와 신전을 짓기 위해 수많은 나무를 베었고, 그 결과 숲은 점점 파괴되어 갔다. 녹지는 황무지로 변했고, 숲이 사라지자 홍수나 가뭄 등 자연재해에 취약한 환경으로 바뀌었다. 반복되는 자연재해와 자원 고갈은 찬란했던 문명을 쓰러뜨렸다.

이스터섬의 이야기는 먼 과거가 아니다. 언젠가 우리에게도 마지막 한 그루의 나무를 베야 하는 날이 올지 모른다. 갈수록 자원은 고갈되고 지구는 뜨거워진다. 문명의 역사에서 기상 이변은 '대량 살상 무기'였다. 고립된 섬에서 탈출하지 못한 이스터섬 원주민과 마찬가지로 인류도 지구를 벗어나 다른 행성으로 도망갈 수 없다. 지구는 우주라는 바다에 떠 있는 이스터섬이다.

우리가 미래를 훔쳐 쓰고 있다고?

석유는 연료로만 쓰는 게 아니다. 플라스틱, 합성 섬유, 인조 고무 등이 모두 석유에서 나온다. 그릇, 장난감, 학용품 등 온갖 것을 플라스틱으로 만든다. 옷은 합성 섬유로, 타이어는 인조 고무로 만든다. 그뿐이 아니다. 생수병, 과자 봉지, 스티로폼, 아스팔트, 해충 제거제 등도 석유에서 왔다. 심지어 일부 화장품, 먹는 약, 바르는 약 등에도 석유가 들어 있다. 해열제로 쓰이는 아스피린이 대표적이다. 석유에서 추출한 벤젠이나 페놀에 이산화탄소를 합성해 만든 살리실산이 원료다. 이렇듯 다양하게 활용되다 보니 엄청난 양의 석유를 쓸 수밖에 없다.

자원과 에너지의 관점에서 보자면, 인간은 지구에 사는 흡혈귀와 다름없다. 100년도 안 되는 짧은 기간에 지구의 자원을 거의 바닥내고 말았다. 수억 년 동안 축적된 화석 연료를 태워서 거의 다 써 버렸다. 인류는 자원이 유한하다는 사실에 눈감은 듯하다. 알고도 모르는 체하는 것이다. 마치 천연자원 이용을 비용이 아니라 수입으로 여긴다. 이는 심각한 '회계 착오'다. 지금 당장은 이익 같지만, 사실상 제한된 자원을 바닥내고 있다는 점에서 엄연한 '비용'이다.

생태 용량*은 분명히 한정되어 있다. 그러나 우리는 마치 지구 자원이 무한한 것처럼 마구 쓰고 있다. **지구 자원은 '무한 리필'이 결코 아니다. 오늘날 인류가 자연에서 얻는 자원은 지구가 줄 수 있는 한계를 훨씬 넘어섰다.**

세계자연기금(WWF)은 매년 '지구 생태 용량 초과의 날'을 선포한다. 인류의 천연자원 사용량이 한 해 동안

> **생태 용량**
> 지구가 인류에게 줄 수 있는 자연 자원의 총량을 말한다.

지구가 재생산할 수 있는 양을 초과하는 날이다. 그러니까 이날은 한 해에 주어진 생태 자원을 모두 소진하는 시점이다. 물, 공기, 토양 등 자원에 대한 인류의 수요가 지구가 자원을 만드는 능력, 그리고 쓰레기를 처리하는 능력을 초과하는 시점으로 이해할 수도 있다. 이날 이후부터 천연자원을 지구가 감당할 수 있는 한계치보다 더 많이 쓴다고 보면 된다.

그래프에서 초록색은 지구의 1년치 자원 생산량이 바닥나는 시점을, 빨간색은 지구 생태 용량을 넘어서는 시점을 보여 준다. 빨간색 지점부터는 그해 생산한 자원을 다 쓰고 미래 자원을 끌어다 쓰는 것으로 보면 된다. 인류는 오랫동안 지구가 생산하는 자원보다 더 적은 양을 썼다. 1960년대까지는 지구가 1년간 제공

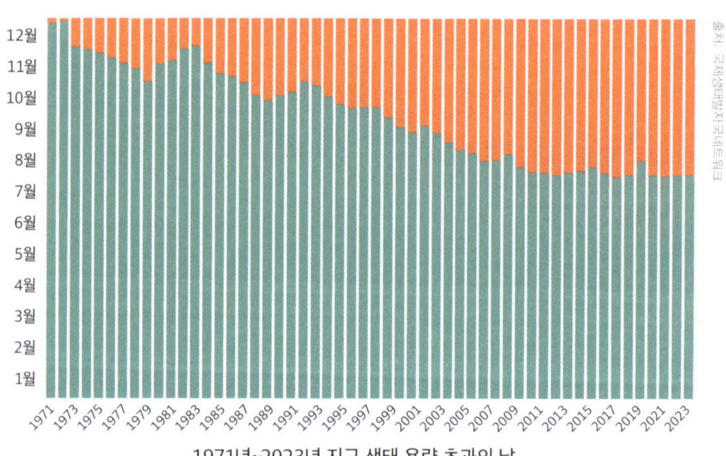

1971년~2023년 지구 생태 용량 초과의 날

하는 생태 자원과 인류가 1년 동안 소비하는 생태 자원이 엇비슷했다. 균형은 1970년까지 유지되다 1971년부터 깨지기 시작했다. '생태 용량 초과의 날'은 1970년~1980년대까지 11월~12월을 유지하다 이후 급격히 나빠졌다. 최근에 초록색 지점이 튀어오른 적이 있는데, 코로나19가 발생한 2020년이다. 코로나19로 자원 사용량이 감소한 탓이다.

2023년 지구 생태 용량 초과의 날은 8월 2일이었다. 2024년은 8월 1일이었다. 1971년 이래 가장 이른 날짜다. 1년 365일 동안 사용할 자원을 200여 일 만에 모두 써 버렸다는 의미다. 이렇게 되면 8월~12월에는 미래 세대가 사용할 자원을 당겨쓰게 된다. 앞으로는 더욱 빠른 속도로 날짜가 앞당겨질 것이다.

현대인은 쓰레기를 엄청나게 많이 버린다. 그 말은 엄청나게 많은 것을 사들인다는 뜻이기도 하다. 철학자 에리히 프롬은 《소유냐 존재냐》에서 "현대인은 버리기 위해서 사들인다"라고 지적했다. 쇼핑 중독을 떠올려 보자. 포장도 뜯지 않은 물건이 집 안에 넘쳐서 정작 쉬고 누울 공간조차 없다. 그런데도 계속 산다. 살기(live) 위해서 사는(buy) 것이지, 사기(buy) 위해서 사는(live) 것이 아닌데 말이다.

자연은 무한하지 않다. 전 세계 인류가 지금과 같은 삶을 지속한다면 지구가 1.75개 더 필요하다. 한국처럼 자원을 펑펑 쓰면 지구가 4개나 필요하다고 한다. "지구는 우리의 요구를 위해서는 충분하지만 우리의 탐욕을 위해서는 충분하지 않다." 간디가 한 말이다. 전 세계 인구는 계속 늘어나고 있다. 그럴수록 필요한 식량과 에너지, 배출하는 폐기물 등도 늘면서 지구는 곧 한계점에 이를 것이다.

인류는 자연이 그해 길러 낸 것보다 더 많이 수확하고 벌목하고 어획한다. 지구가 감당할 수 있는 양보다 더 많은 물을 사용해 오염시킨다. 가장 큰 문제는 바다와 숲이 흡수할 수 있는 양보다 더 많은 탄소를 배출한다는 점이다. 이는 미래 세대에게 생태적 부담으로 남는다. 생태 용량을 초과해서 쓰려면 미래에서 가져올 수밖에 없다. 오늘 많이 누리는 만큼 내일 누릴 양은 줄어든다. 즉, 현세대의 풍요는 미래 세대에게 전가되는 생태적 빚이다. 현세대의 풍요는 후세대의 빈곤을 대가로 한다.

〈매드맥스: 분노의 도로〉가 막을 내린 스크린에는 "희망 없는 세상을 살아가는 우리가 더 나은 삶을 위해 가야 할 곳은 어디인가?"라는 문구가 독백처럼 새겨진다. 미래는 미래가 없다. 지금 우리가 미래를 끌어다 쓴 탓이다. 우리 마음대로 말이다. 약탈자와 다름없다. 미래의 미래를 약탈한 셈이다. 미래에 미래를 돌려줘야 한다.

매드맥스: 분노의 도로

2015년 개봉 | 조지 밀러 감독 | 톰 하디, 샤를리즈 테론 등 출연

영화는 전사 퓨리오사와 노예로 잡혀 온 맥스가 임모탄에게 대항하는 과정을 보여 준다. 핵전쟁으로 황폐해진 세상에서 임모탄은 물과 자원을 독점하여 독재자로 군림한다. 'immortal'이라는 단어는 영어에서 불멸을 뜻한다. 불멸의 존재를 자처하는 임모탄은 전사 '워보이(war boy)'들을 세뇌해 전장에서 싸우다 죽으면 '발할라'라는 천국으로 간다고 믿게 만든다.

이 영화는 자동차가 사막을 질주하는 액션 장면이 백미다. 아찔한 추격전과 폭발 장면 등을 CG 없이 실사로 담았다.

수소는 최고의
에너지야.

세계의 미래
에너지 전환
오블리비언

화석 연료가 내뿜는 온실가스 탓에 지구가 고통받고 있다. 기후 위기는 자연의 위기인 동시에 문명의 위기이기도 하다. 극단적인 기후 변화는 식량 생산에 차질을 빚는다. 인류의 생존이 위협받을 수 있기 때문에 석유 시대는 끝나야 한다.

우리나라는
재생 에너지에 적합할까?

청정에너지를 찾아야 한다고?

물은 사라지지 않는다. 형태만 바뀔 뿐이다. 에너지도 마찬가지다. 에너지는 일하는 능력을 뜻하는 그리스어 '에네르게이아'에서 파생된 말이다. 에너지 자체는 사라지지 않는다. 한 형태에서 다른 형태로 바뀔 뿐이다. 양 역시 증가하거나 감소하지 않는다. 에너지는 생성되거나 소멸되지 않고 총량이 일정하다. 이것을 '에너지 보존 법칙'이라고 부른다.

에너지가 보존된다면 굳이 에너지를 절약해야 하는 이유가 뭘까? 한번 사용한 에너지는 다시 사용하기 어려운 에너지로 바뀌기 때문이다. 예를 들어 자동차 연료인 휘발유의 에너지는 자동차를 몰고 나면 다시 사용하기 어렵다. 휘발유를 태워서 발생하는 열에너지가 대기 중으로 퍼지기 때문이다. 석유 같은 에너지원은 무한하지 않다. 에너지를 절약하고 효율적으로 사용해야 하는 이유다. 결국 에너지 절약이란 에너지를 가능한 한 쓸모 있는 형태로 남겨 놓는 걸 말한다.

〈체인 리액션(Chain Reaction)〉(1996)이라는 그다지 유명하지 않은 SF 영화가 있다. 영화에서는 물을 이용해 에너지를 만든다. 물을 원료로 사용하기 때문에 자원 고갈을 걱정할 필요가 전혀 없다. 게다가 무한히 만들어 낼 수 있고, 공해도 발생하지 않는다. 영화 개봉 당시에는 관객 대부분이 '물을 이용해서 어떻게 에너지를 만들지?'라고 생각하며 황당해했다.

〈오블리비언(Oblivion)〉(2013)은 2077년 지구를 배경으로 한 SF 영화다. 외계인 침공 이후 지구인들은 핵 공격으로 폐허가 된 지구를 떠난다. 마지막 정찰병인 주인공 잭 하퍼가 베일에 싸인 우주선 '오디세이호'를 발견하면서 이야기가 펼쳐진다. 그의 임무는 바닷물을 빨아들여 에너지를 생산하는 시설을 지키는 것이다.

두 영화에는 공통적으로 물을 이용해 에너지를 만드는 장면이 나온다. 오늘날 이는 수소 에너지로 현실이 됐다. 수소 에너지는 물을 전기 분해 해서 수소를 생산하고 이 수소를 연료 전지에 활용하여 전기를 공급하는 방식이다. 최근 미래 에너지원으로 부상하는 이른바 '인싸 에너지'다. 수소를 활용한 연료 전지는 온실가스를 배출하지 않는 청정에너지원으로 주목받고 있다.

수소 말고도 햇빛, 바람 같은 에너지원도 각광받고 있다. 태양광이나 풍력 등을 재생 에너지라고 부른다. 앞으로 재생 에너지가 화석 에너지를 대체할 것이다. 에너지 전환은 무척 어렵다. 석유처럼 잘 쓰고 있는 에너지가 멀쩡히 있는데, 굳이 에너지 전환에 나서는 이유가 뭘까? 게다가 우리나라에서는 재생 에너지 전환이 어렵다는 시각이 있다. 자연조건이 재생 에너지에 불리하다는 시각이다. 그런데도 에너지 전환을 해야 할까?

에너지가 인류 문명의 중심에 있다고?

사람은 에너지와 식량이 없으면 하루도 살 수 없다. 역사상 수많은 문명도 결국은 에너지와 식량이 부족해 몰락했다. 특히 불의 발견은 인류가 문명을 이루고 국가 시스템을 발전시키는 토대가 되었다.

오랜 옛날, 인류의 에너지원은 제한적이었다. 물, 바람, 가축, 나무 등이 전부였다. 그중 가장 보편적인 자원은 나무였다. 오랜 세월 인류는 나무를 태워서 방을 데우고 요리를 했다. 어둠을 밝히는 데도 나무를 썼다. 현재는 사막 지대인 메소포타미아 지역은 최초의 도시 국가가 발생한 곳이다. 이곳의 유프라테스강과 티그리스강 유역은 옛날에는 울창한 삼림 지대였다. 이 삼나무 숲을 에너지원으로 활용해 수메르 문명이 탄생했다.

시간이 흘러 문명이 발달하면서 에너지 소비가 늘어났다. 나무로는 늘어난 에너지 수요를 감당하기 어려웠다. 이때 화석 연료가 등장했다. 화석 연료는 땅속에 파묻힌 식물이나 동물의 유해가 오랜 세월에 걸쳐 화석화되어 만들어진다. 화석처럼 오랫동안 땅속에 묻혔다가 연료로 쓰인다고 해서 '화석' 연료라고 부른다. 석탄, 석유, 천연가스 등이 여기에 속한다.

처음에 주로 사용한 화석 연료는 석탄이었다. 석탄은 열에너지와 빛에너지로만 사용했다. 추위를 쫓고 음식을 조리하고 어둠을 밝히는 용도 말이다. 화석 연료의 열에너지를 운동 에너지로 바꾸는 방법을 찾아내면서 화석 연료가 기계를 움직이기 시작했다. 공장은 기계를 돌렸고 선박이나 기차 등 운송 수단은 증기 기관을 돌렸다. 산업 혁명의 시작이었다. 산업 혁명이 영국에서 시작된 것도 영국의 석탄 산업이 발전한 덕분이었다.

화석 연료와 산업 혁명 덕분에 인류는 역사상 유례없는 번영을 누리기 시작했다. 기계 덕분에 대량 생산이 가능해졌고, 선박과 기차 덕분에 대량 수송도 가능해졌다. 부작용도 나타났다. 분진, 황산화물, 질소산화물 등 대기 오염 물질이 발생했다. 또 석탄은 부피가 크고 무거운 고체 연료라서 운송 비용이 늘어났다. 이런 문제 때문에 1900년대부터 새로운 화석 연료가 주목받기 시작했다. 바로 석유였다. 이후 석유의 시대가 도래했다.

에너지 사용량은 어땠을까? 약 100만 년 전, 아프리카에 살던 이들은 하루에 약 2,000킬로칼로리의 에너지를 썼다. 이때만 해도 불을 이용하지 못했다. 사냥한 고기, 열매, 뿌리 등을 날것 그대로 먹어야 했다. 약 10만 년 전, 유럽 사람들은 하루에 약 5,000킬로칼로리를 썼다. 음식과 주거, 도구 등 하루 동안 사용한 모든 에너지가 그 정도였다. 불을 피워 고기를 굽고 동굴 안을 밝히거나 데웠다.

에너지 소비량이 1만 킬로칼로리를 넘어선 건 수천 년밖에 안 된다. 약 5000년 전, 가축을 이용해 농사를 지으면서 하루에 1만 2,000킬로칼로리를 썼다. 1400년대가 되면서 2만 6,000킬로칼로리로 늘어났다. 수력 에너지(물레방아)와 풍력 에너지(풍차)를 이용했고, 석탄을 태워 열에너지도 얻었다.

에너지 소비량은 산업 혁명 이후 크게 늘었다. 1875년 한 사람이 하루에 쓰는 에너지 양은 약 7만 7,000킬로칼로리에 이르렀다. 현대인은 22만 8,000킬로칼로리(미국인 1인 기준)를 사용한다. 옛날보다 많이 먹고(사실 인간이 먹는 양은 큰 차이가 없다. 조리 과정에서 낭비하거나 먹다 남겨서 버리는 음식이 많다.) 자동차도 몰며 TV, 컴퓨터, 스마트폰 등도 사용한다.

모든 문명의 중심에는 식량과 에너지의 생산 체계가 자리 잡고 있다. 식량과 에너지가 없다면 며칠도 버틸 수 없다. 도시도 건설하지 못한다. 역사상 수많은 문명이 몰락한 원인도 결국 에너지와 식량 부족이었다. 수메르 도시 국가를 세우는 데 필요한 건축 자재는 나무였고 배를 만드는 데 필요한 재료도 나무였다. 도자기를 굽는 연료도, 청동기나 철기를 담금질하는 연료도 나무였다.

석유 시대가 저문다고?

———

1997년 하와이에서 열린 요트 경기에 참여해 북태평양을 지나가던 찰스 무어는 푸른 바다 위에 떠 있는 거대한 무언가와 마주한다. 가까이 가서 보니 플라스틱 쓰레기 더미였다. 태평양에 둥둥 떠다니는 플라스틱 쓰레기를 그러모으면 한반도 면적의 7배에 달한다고 한다. 그래서 사람들은 플라스틱 섬을 '제8대륙'*이라고 부르기도 한다.

플라스틱은 값싸고 가볍고 튼튼해서 '기적의 소재'로 불렸다. 플라스틱 덕분에 인류는 편리하고 풍족한 생활을 누렸다. 페트병, 비닐봉지, 테이크아웃 컵, 빨대, 랩, 포장지, 비닐장갑, 비닐우산, 일회용 수저·접시 말고도 약품, 치약, 세제, 화장품, 목욕용품 등에도 플라스틱이 들어간다. 목욕용품에 왜 플라스틱이 들어가냐고? 각질 제거, 미백 등의 용도 때문이다. '플라스틱 문명'이라고 해도 과언이 아니다. 인류를 '플라스틱 인류'라고, 지구를 '플라스틱 행성'이라고 불러도 될 정도다.

플라스틱은 어떻게 만들

> ### 제8대륙
> 보통 아시아, 유럽, 아프리카, 북아메리카, 남아메리카, 오세아니아, 남극을 가리켜 7대륙이라고 부른다. 최근에는 여기에 플라스틱섬을 포함해 제8대륙으로 불러야 한다는 웃지 못할 주장이 나왔다. 대륙 대신 바다와 빙하가 있는 북극은 대륙에 포함하지 않고 '북극해'로 부른다.

까? 플라스틱의 주원료는 석유다. 석유에서 추출한 에틸렌과 프로필렌 같은 화학 물질을 가열하고 압축하면 작은 분자들이 서로 결합하여 긴 사슬 모양의 분자가 만들어진다. 이것을 '폴리머(polymer)'라고 부른다. 폴리머의 종류와 형태에 따라 다양한 플라스틱을 만들 수 있다. 예를 들어 폴리에틸렌(polyethylene)은 비닐봉지나 우유병에 쓰이고 폴리스티렌(polystyrene)은 스티로폼이나 일회용 컵에 쓰인다. 옷 안쪽에 붙은 태그에서 '폴리에스테르(polyester)'라는 섬유 이름을 보았을 것이다. 폴리에스테르는 석유에서 뽑은 섬유다.

산업 혁명 이전에 주된 에너지 자원은 가축과 나무(땔감)였다. 산업 혁명 이후에는 석탄이 주 에너지원이었다. 1900년대 초반까지 석탄 소비량이 전체 에너지 자원 소비량의 절반을 넘었다. 이후 내연 기관을 발명하자 석유 소비량이 늘기 시작했다. 천연가스 소비량도 덩달아 늘었다. "보다 나은 삶, 더욱 많은 석유 사용!" 1949년 석유 회사 에소가 〈뉴요커〉에 실은 광고 문구다.

화석 연료는 현대 사회를 떠받치고 있다. 2022년 발표된 자료에 따르면 석유와 석탄, 천연가스 등 화석 연료 소비량이 전체 에너지 소비량의 82퍼센트를 차지했다. 화석 연료, 특히 석유가 없다면 전 세계가 멈출지 모른다. 섬유, 화장품, 의약품, 감미료, 플라스틱 상품 등 수많은 생활용품이 석유 화학 제품이다. 석유가 들어가지 않은 물건을 찾기 어려울 만큼 석유는 널리 쓰인다. 석유 시대라고 해도 과언이 아니다.

그런데 석유 시대가 저물고 있다. 더는 뽑아 쓸 석유가 없어서 석유 시대가 끝나 가는 건 아니다. 돌을 다 써 버렸기 때문에 석기 시대가 끝났을까? 그렇지 않다. 더 나은 기술인 청동기가 등장하면서 석기를 몰아냈다. 마차의 시대가 끝난 것도 말이 멸종해서가 아니었다. 내연 기관을 장착한 자동차가 마차를 밀어냈다. 석유 시대의 종언도 마찬가지다. 사용할 석유는 아직 있지만, 더는 석유를 사용해서는 안 되기 때문에 석유 시대는 끝날 것이다.

가장 큰 이유는 앞에서 살펴본 환경 문제다. 화석 연료는 먼 옛날 지구상에 살았던 동식물이 땅속에 묻혀 열과 압력을 받아 만들어졌다. 석탄은 수억 년 전 열대 밀림의 유해가 변형된 것이고 석유는 바다에 살았던 생물의 잔해가 변형된 것이다. 그러니까 동식물의 몸속에 남아 있던 탄소가 화석 연료에 담겨 있다. 인류는 5억 년간 축적된 화석 연료를 몇 세대에 걸쳐 태워 버렸다. 그 결과 땅속에 묻혀 있어서 아무런 문제가 없었던 탄소가 대기 중으로 쏟아졌다.

지금처럼 석유를 무분별하게 쓰다가는 기후 위기를 부추길 수 있다. 화석 연료가 내뿜는 온실가스 탓에 지구가 고통받고 있다. 기후 위기는 자연의 위기인 동시에 문명의 위기이기도 하다. 극단적인 기후 변화는 식량 생산에 차질을 빚는다.

탄소 순환이 망가졌다고?

해가 갈수록 전 세계가 관측 사상 최고 기온을 갈아 치우고 있다. 왜 이렇게 더운 걸까? '탄소 순환(carbon cycle)'이 망가져서다.

공룡이 살던 시대의 탄소 총량은 우리가 사는 지금과 같다. 탄소는 지구 안에서 자연스럽게 순환해 왔다. 인류는 지구상에 등장한 이후 200만 년 동안 수렵 생활을 했다. 그 시기에 인간의 생활은 큰 변화가 없었다. 그러다 1만 년 전, 농경을 시작하면서 문명이 발생했다. 농경 역시 자연의 탄소 순환을 거스르지 않았다.

녹색식물이 물과 햇빛으로, 즉 광합성을 통해 공기 중 이산화탄소를 환원시켜 만들어 내는 결과물이 탄수화물이다. 동물은 식물이 만든 탄수화물을 영양분으로 살아간다. 몸속에서 탄수화물을 태워 에너지를 얻는다. 그 과정에서 탄소가 몸에 쌓이기도 하고 일부는 호흡을 통해 이산화탄소로 나오기도 한다. 이는 자연 생태계에 숨겨진 생명에 의한 탄소 순환이다.

그런데 150년~200년 전부터 탄소 순환에 문제가 생기기 시작

72

했다. 자연의 순환에 산업적 순환이 더해지면서 대기 중으로 탄소가 빠르게 쏟아졌다. 인간은 석탄, 석유 등 화석 연료를 태우면서 탄소를 어마어마하게 쏟아 냈다. 산업화로 많은 이산화탄소를 내놓기 시작한 1880년경 대기 중 이산화탄소 농도는 280ppm이었다. 그 후 140여 년 동안 141ppm이 늘어났다. 1년에 1ppm씩 증가한 셈이다. 페름기 말 대멸종을 일으킨 대기 중 이산화탄소 농도는 8,000ppm이었다. 이는 100만 년 동안 증가한 양으로 100년에 1ppm 증가한 셈이다. 현재 증가 속도가 페름기 말에 비해 100배 빠르다.

마이크로소프트를 창업한 빌 게이츠는 《기후 재앙을 피하는 법》이라는 책에서 우리가 기억해야 할 숫자가 두 개 있다고 말했

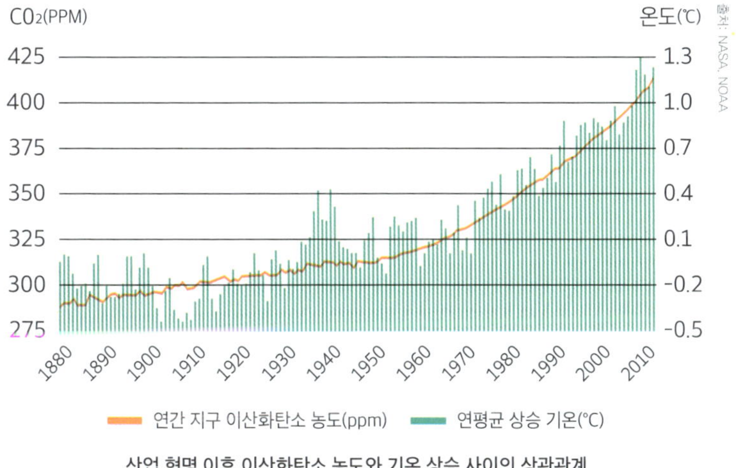

산업 혁명 이후 이산화탄소 농도와 기온 상승 사이의 상관관계

다. 하나는 0이고, 또 하나는 510억이다. 인류는 매년 510억 톤의 온실가스를 배출하고 있는데(2019년 기준), 이를 0으로 만들어야 한다고 주장했다. 그래야만 인류가 최악의 상황을 피할 수 있다면서. 510억 톤이면 얼마나 많은 양일까? 1톤짜리 승용차로 치면 무려 510만 대의 무게다. 1톤 트럭 510만 대를 길게 줄 세우면 지구를 640번 감쌀 수 있다.

화석 연료에서 나오는 이산화탄소를 더는 감당할 수 없다. 대안을 찾아야 한다. 그래서 '에너지 전환'이 주목받고 있다. 사회에서 일어나는 거대한 변화를 '메가트렌드(mega trend)'라고 부른다. 우리 시대 메가트렌드 중 첫 번째는 누가 뭐라 해도 기후 위기에 따른 에너지 전환이다. 저탄소, 탈탄소 에너지로 빠르게 바뀌고 있고, 또 바뀌어야 한다.

재생 에너지가 미래라고?

2019년 153개국의 과학자 1만 1,000명이 '기후 변화 대처를 위한 비상 선언'을 발표했다. 과학자들은 지구를 보존하기 위한 즉각적인 행동을 취하지 않으면 기후 위기가 인류에게 막대한 고통을 가져올 것이라고 경고했다. 그러면서 "이제 더는 허비할 시간이 없다"라고 덧붙였다. 이들은 기후 변화의 영향을 완화하기 위한 방법으로 화석 연료를 재생 가능 에너지(재생 에너지)로 대체, 메탄 등 오염 물질 감축, 생태계 복원·보호, 육식보다 채식 위주 식사, 탄소 없는 경제로 전환, 인구 억제 등을 제시했다.

재생 에너지는 오염 물질과 이산화탄소를 거의 내놓지 않는 에너지다. 화석 에너지와 달리 고갈되지 않는, 말 그대로 계속 재생할 수 있는 에너지다. 태양 에너지, 풍력 에너지, 수력·해양 에너지, 지열 에너지 등이 여기에 속한다. 햇빛, 바람, 물, 지열 등 자연에서 끊임없이 공급되는 에너지원을 이용한다. **태양이나 풍력, 수력 등은 무한하고 깨끗하며 공짜다. 이를 활용한 재생 에너지로 완전히 전환하면 탄소 배출이 줄어드는 동시에 에너지 고갈 염려도 사라진다.**

칠레의 태양광 발전소 모습

RE100이라는 게 있다. '재생 에너지(renewable energy) 100퍼센트'의 줄임말로, 기업이 사용하는 전력의 100퍼센트를 재생 에너지로 해결하자는 국제 캠페인이다. 생산 활동에 필요한 전력 100퍼센트를 태양광, 풍력 등 재생 에너지로 충당한다면 온실가스를 줄이는 데 큰 도움이 될 것이다.

RE100 캠페인의 주된 목적은 명확하다. 우리가 직면한 가장 심각한 글로벌 위기인 기후 변화를 막는 것이다. 이를 위해서 기업 활동에 필요한 전기를 온실가스를 배출하지 않는 재생 에너지로 충당하겠다는 전략이다. 애플이나 구글 같은 기업은 이미 RE100을 달성했다. RE100에 가입된 회원사의 전력 수요를 모두 합치면 전력 생산량 세계 10위 국가에 맞먹는다.

기업 활동에서 재생 에너지가 갈수록 중요해지고 있다. 우리처럼 수출 의존도가 높은 나라는 더욱 그렇다. BMW가 LG화학에 부품을 받는 조건으로 RE100을 요구하면서 계약이 깨졌고, 전지를 만드는 삼성SDI는 국내 생산 물량을 100퍼센트 재생 에너지를 사용할 수 있는 해외 공장으로 옮겼다.

기후 위기로 에너지 전환은 시대적 과제가 됐다. 에너지 전환에 발 빠르게 움직인 선진국들은 상당 부분 재생 에너지로 전환했다. 2019년 미국에서는 130년 만에 처음으로 연간 재생 에너지 발전량이 석탄 발전량을 따라잡았다. 2023년 기준, OECD 회원국의 재생 에너지 발전 비중은 평균 23.4퍼센트였다. 아이슬란드(81.1퍼센트)가 가장 높았고, 그다음으로 노르웨이(62.4퍼센트), 스웨덴(52.9퍼센트) 순이었다. 한국은 3.4%에 불과했다. 재생 에너지를 늘리기 위해 우리는 더 노력해야 한다.

그렇다면 우리나라는 재생 에너지에 적합할까? 우리나라는 국토가 좁고 자연조건이 재생 에너지에 불리하다고 주장하는 사람들이 있다. 가령 일사량이 적고 바람이 없다는 식의 주장이다. 재생 에너지 강국인 독일과 비교해 보자. 연평균 일사량은 한국이 1,459kWh/㎡인데 독일은 1,056kWh/㎡이다.

바람은 어떨까? 삼면이 바다라서 해상 풍력을 하기 좋은 입지 조건을 갖췄다. 해외 풍력 기업들이 한국 시장을 호시탐탐 노리

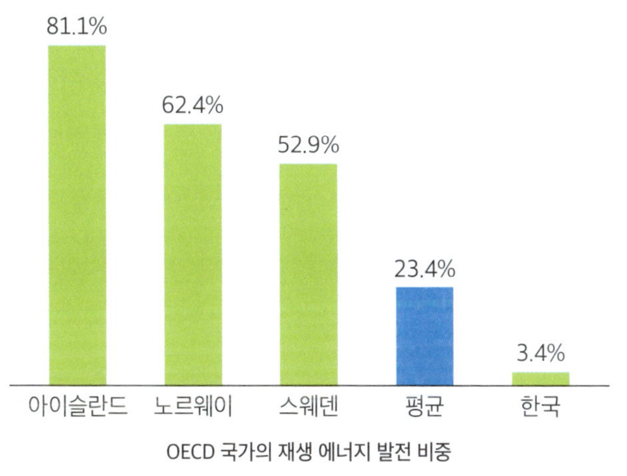

OECD 국가의 재생 에너지 발전 비중

는 이유다. 한국이 자연조건이 불리해서 재생 에너지에 적합하지 않다는 주장은 설득력이 떨어진다.

다만 재생 에너지는 결정적인 한계가 있다. 재생 에너지는 날씨의 영향을 많이 받는다. 태양광·풍력은 햇볕이 강하게 내리쬐고 바람이 잘 불 때만 전기를 만들 수 있다. 필요할 때 필요한 만큼 전기를 만들지 못하고, 기상 조건이 충족될 때만 전기를 만든다. 날씨나 계절에 따라 전력 공급이 오르락내리락할 수 있어서 필요한 전력을 재생 에너지에만 의존하기 어려운 한계가 있다.

계절과 날씨에 따른 변동성은 여러 문제를 일으킨다. 발전량이 그때그때 달라서 변동을 예측하기 어렵다는 점은 재생 에너지의 결정적인 한계로 꼽혀 왔다. 특히 계절과 날씨, 시간에 따라 변동이 심한 재생 에너지는 발전량이 적을 때도 문제지만, 발전량이 많을 때도 문제다. 발전소에서 만든 전력은 일정한 출력을 유지하는 게 중요하다. 전력이 부족해도 정전이 발생하지만, 너무 많이 공급돼도 과부하가 일어나 정전이 발생하기 때문이다.

지금까지는 필요한 양보다 전력이 더 많이 생산될 것 같으면 발전기를 멈춰야 했다. 그 때문에 재생 에너지로 전기를 만드는 비용을 높게 책정했다. 재생 에너지로 생산한 전기가 남아돌 때 어떻게 활용할 것인가는 매우 중요한 문제다. 이를 해결하기 위해 여러 방법을 시도하고 있다.

남아도는 전기를 배터리에 저
장해 두고 나중에 전기가 부족할
때 사용할 수 있다. 물을 모아 가
두었다가 필요할 때 쓰는 저수지
와 비슷하다. 재생 에너지로 만든

전력을 담아 두는 배터리를 ESS(Electric Storage System)라고 부른다.
이차 전지*가 대표적이다.

탄소에서 수소로 전환해야 한다고?

세상에는 두 종류의 자동차가 있다. 이산화탄소를 내뿜는 자
동차와 그렇지 않은 자동차다. 지금까지 자동차는 석유를 먹고
달렸다. 대신 매연과 미세먼지, 이산화탄소 등을 배출했다. 전기
차나 수소차는 석유가 아닌 다른 연료를 쓴다. 전기차는 전기가,
수소차는 수소가 연료다. 석유 자동차는 매연과 이산화탄소를
내뿜지만 수소 자동차는 매연이 없고 물만 나온다. 미래에는 내
연 기관 사동차가 사라지고 전기차와 수소차만 남을 것이다.

이산화탄소를 내뿜지 않는 에너지원은 핵 발전과 재생 에너지,
수소 에너지 정도다. 핵 발전은 방사능 위험과 핵폐기물 처리 때

문에 고민스럽다. 결국 재생 에너지와 수소 에너지가 남는다. 그런데 깨끗하고 무한한 재생 에너지가 있는데 수소 에너지가 왜 굳이 필요할까? 앞에서 지적한 재생 에너지의 변동성(가변성), 간헐성, 지역 편차 때문이다.

이러한 한계 때문에 수소가 주목받고 있다. 수소 에너지는 화석 연료처럼 채굴 가능한 1차 에너지는 아니지만, 재생 에너지의 저장·이동 수단, 즉 에너지 캐리어(energy-carrier)로 쓸 수 있다. 재생 에너지로 만든 전력이 남을 때 수소로 저장해 두는 것이다. 여분의 태양 에너지와 풍력 에너지를 수소 에너지로 전환해 저장해 놓고, 나중에 태양광과 풍력의 발전량이 적을 때 저장된 수소를 활용하면 된다.

수소는 우주 질량의 75퍼센트를 차지할 정도로 풍부하다. 문제는 순수한 상태로 존재하는 수소가 적다는 점이다. 순수한 수소를 얻으려면 수소와 다른 원소가 합쳐진 수소 화합물에 에너지를 가해 수소를 떼어 내는 과정이 필요하다. P2G(Power to Gas) 시스템을 이용하면 재생 에너지로 생산한 남아도는 전기를 활용해 물을 전기 분해* 해서 수소를 만들 수 있다. 이렇게 하면 지역과 자연환경 조건에 따라 전기 생산량이

> **전기 분해**
>
> 물을 화학식으로 표현하면 H_2O다. 물에 전기를 가해서 H_2O를 H(수소)와 O(산소)로 나눌 수 있는데, 이를 전기 분해라고 한다.

달라지는 재생 에너지의 단점을 보완할 수 있다.

　석유나 천연가스 등은 특정한 곳에 묻혀 있다. 반면에 수소 에너지는 지역적으로 치우침이 없는 에너지원이다. 기술적인 어려움은 있지만, 어디서든 자유롭게 이용할 수 있다. 게다가 수소는 화석 연료와 달리 자원 고갈을 걱정하지 않아도 된다. 지구 표면의 70퍼센트를 덮고 있는 물에 수소가 들어 있다. 수소는 산소와 화학 반응 해서 열과 전기를 만든다. 열과 전기를 만들어 낼 때 공해 물질을 전혀 내뿜지 않는 무공해 에너지원이다. 나오는 건 오직 물밖에 없다. 수소가 미래 청정에너지로 주목받는 이유다. 액체나 기체로 저장할 수 있고, 옮기기 쉽다는 이점도 있다.

오랫동안 인류는 화석 연료에 취해 살았다. 지금까지 탄소 경제가 인류에게 풍요를 가져다준 것은 사실이다. 화석 연료를 태워서 전기를 만들고 기계를 돌리며 자동차를 굴렸다. **그러나 풍요의 대가도 만만치 않다. 엄청난 양의 오염 물질과 이산화탄소가 대기로 쏟아졌다. 지금 우리는 그 대가를 톡톡히 치르고 있다.**

현재의 화석 연료를 수소로 전환해야 한다. 즉, 탄소 경제를 수소 경제로 바꿔야 한다. 수소 경제란 수소를 주요 에너지원으로 하는 경제다. 석유나 석탄 같은 화석 연료를 대체할 에너지원으로 수소를 개발해 생산, 저장, 운송, 이용 등과 관련된 산업을 키워야 한다. **태양광, 풍력 등 재생 에너지와 수소 에너지를 결합한다면 탄소와 오염 물질이 거의 발생하지 않는 청정에너지원을 가질 수 있다.**

오블리비언

2013년 개봉 | 조셉 코신스키 감독 | 톰 크루즈, 모건 프리먼 등 출연

외계와의 전쟁으로 폐허가 된 2077년의 지구가 배경이다. 지구인이 모두 지구를 떠난 지 10년, 황량한 지구에 정찰병 잭 하퍼가 등장하면서 영화가 시작된다. 임무를 수행하던 잭 하퍼는 정체불명의 우주선과 한 여인을 발견한다. 신기하게도 그녀는 잭 하퍼가 기억을 잃기 전의 모습을 알고 있다. 잭 하퍼는 기억나지 않는 과거 속에 어떤 음모가 숨어 있음을 직감하며 자신을 둘러싼 모든 것에 의심을 품기 시작한다. 영화는 잭 하퍼가 기억을 되찾고 최후 반격에 나서는 내용을 그렸다.

지구에 산다는 이유로
치료받지 못하다니….
엘리시움으로 가요!

세계의 미래
불평등
엘리시움

개인이 현재 계층에서 다른 계층으로 이동할 수 있는지, 부모가 속한 계층에서 다른 계층으로 이동할 수 있는지 등을 보면 그 사회의 기회 평등을 확인할 수 있다. 사회적 이동을 가능하게 하는 중요한 사다리가 바로 교육이다.

우리가 누리는 것들은 온전히 노력의 결과일까?

수치의 장벽, 무엇이 문제일까?

나이지리아의 라고스는 1,600만 명이 사는 아프리카에서 가장 큰 도시다. 도심의 고층 아파트와 빌딩을 지나면 빈민촌을 만날 수 있다. 바닷가 빈민촌에는 수십만 명이 산다. 판잣집조차 구하지 못한 사람들은 작은 배 위에서 살아간다. 그들은 전기, 깨끗한 물, 하수도(화장실 등) 등의 인프라에 접근조차 할 수 없다. 당연히 학교 교육도 받지 못한다. 나이지리아에서는 가난한 사람들이 살던 집에서 쫓겨나는 퇴거의 역사가 수십 년간 되풀이됐다. 쫓아내는 이유는 하나다. 도시를 개발한다는 명목이다. 그렇게 230만 명 정도가 쫓겨났다.

페루 리마시에는 장벽이 길게 이어져 있다. 높이 3미터, 길이 10킬로미터에 이르는 긴 장벽은 부촌과 빈민촌을 가른다. 수영장 딸린 고급 주택가에 사는 주민들이 안전을 위해 세웠다. 빈민촌 사람들은 이 장벽을 '수치의 장벽'이라고 부른다. 수치의 장벽은 세계 곳곳에 있다. 어느 나라든 부촌과 빈민촌을 구분한다.

보이지 않는 장벽도 곳곳에 있다. 빈부 차별을 부추기는 문화, 계층 이동을 가로막는 교육 제도 등이다. 이 역시 수치의 장벽이 아닐까? 물리적 장벽은 넘나들고 무너뜨릴 수 있다. 그래서 보이지 않는 장벽을 더 촘촘히 세우는지 모른다. 프랑스 사상가 장 자크 루소는 《인간 불평등 기원론》에서 "어떤 시민도 다른 사람을 살 수 있을 정도로 부유해서는 안 되며, 어떤 시민도 자기 자신을 팔아야 할 정도로 가난해서는 안 된다"라고 했다.

부자와 빈자를 수직으로 극명하게 나눈 세계를 보여 주는 영화가 있다. 바로 〈엘리시움(Elysium)〉(2013)이다. 엘리시움은 지구 밖에 유토피아처럼 만든 우주 도시다. 지구 궤도를 도는 최첨단 도시이며 특권층만이 접근할 수 있다. 50만여 명의 부유층만이 그곳에서 살아간다. 엘리시움은 천국과 같다. 엘리시움에서 최상위층은 모든 질병을 손쉽게 고칠 수 있는 치료 장비(med-bay)를 집집마다 두고 산다.

오염되고 환경이 파괴된 지구에는 가난한 이들만 있다. 그들은 여전히 노동에서 벗어나지 못한 채 비참하게 살아간다. 사람들은 로봇의 감시와 통제를 받는다. 강력한 로봇은 엄격하고 무자비하다. 명령을 따르지 않는 사람에게 가혹한 처벌을 내린다. 지상에는 희망이 없다. 그래서 지구 사람들은 엘리시움에 살기를 원하고 어떻게든 들어가려고 시도한다. 그러나 엘리시움의 관리들은 이런 시도를 막기 위해 모든 수단을 동원한다. 가난한 이들은 엘리시움에 접근조차 하지 못한다.

봉준호 감독의 〈설국열차〉(2013)에는 빙하기로 얼어붙은 지구의 유일한 생존 구역인 열차가 등장한다. 열차 앞 칸은 고급 스시를 먹을 정도로 부유하지만, 꼬리 칸은 바퀴벌레로 만든 단백질 바를 먹어야 할 정도로 비참하다. 〈엘리시움〉에 등장하는 사람들도 〈설국열차〉의 앞 칸과 꼬리 칸을 떼어 붙여 놓은 것처럼 엘리시움에 사는 부유층과 지구에 사는 빈곤층의 대비가 극명하게 드러난다. 부유층은 엘리시움에서 가난과 질병, 범죄 등을 모른 채 완벽한 자연환경과 의료·치안 시스템 안에서 행복하게 산다. 빈곤층은 환경 오염, 자원 고갈 등으로 황폐해진 지구에서 가난과 질병에 시달리며 살아간다.

치료 기술이 없어서 치료받지 못한다면 기술적 문제다. 돈이 없어서 치료받지 못하는 경우는 경제적 문제다. 모든 병을 고치는 기술이 있는데도 지구에 산다는 이유만으로 치료받지 못하는 상황은 정치적 문제다. 이 논리를 우리 현실에 적용해 보자. 세상에는 치료제가 개발되지 않아 죽는 사람보다 치료제가 있어도 죽는 사람이 더 많다. 얼마든지 병을 고칠 수 있는데도, 약을 구하지 못해 죽는 것이다. 이는 정치적 문제다.

오늘날 8억 명이 굶주림에 시달리고 있다. 그러나 전 세계 80억 명이 먹고도 남을 만큼 충분한 식량이 생산된다. 전 세계에서 1년에 버려지는 음식물 비용은 1,350조 원에 이른다. 결국 기아 역시 식량 문제가 아니라 정치 문제다. 부유한 나라에서 풍요롭게 사는 건 부유한 나라 사람들이 노력한 결과일까?

현대 사회는 얼마나 불평등할까?

우리 사회에는 소득 불평등과 재산 불평등, 일자리 불평등뿐만 아니라 건강 불평등, 교육 불평등, 여성 불평등, 노인 불평등, 에너지 불평등 등 다양한 형태의 불평등이 존재한다. 사회적인 불평등은 특히 청년 세대에게 큰 어려움을 안겨 준다. 헬조선, 흙수저, N포 세대 같은 용어의 유행은 이런 현실을 반영한다.

우리나라의 재산 불평등은 심각한 수준이다. 대한민국이 100명으로 이뤄진 나라이고 전체 자산이 파이 100조각이라고 가정해 보자. 가장 부유한 1명이 파이 25조각을 갖고 가난한 50명은 파이 2개를 나눠 갖는다. 미국은 더 심각하다. 가장 부유한 1명이 파이 39조각을 차지한다. 가난한 50명에게는 파이가 1조각도 돌아가지 않는다. 오히려 이들은 10분의 1조각에 해당하는 빚을 지고 있다. "동물들은 더 풍요로워지지 않는데, 농장만 배를 불린다"라는 조지 오웰의 말은 지금의 현실을 정확히 보여 준다.

소득 불평등은 건강 불평등으로 이어진다. 소득과 지역에 따라 기대 수명에 큰 차이가 난다. 한 연구에 따르면, 소득 상위 20퍼센트는 평균적으로 83.7세까지 살 수 있지만, 하위 20퍼센트는 77.6세까지밖에 살 수 없다고 한다. 수명 차가 거의 6년이나 난다. 예컨대 서울 서초구에 사는 사람들은 강원도 화천구에 사는 사람들보다 약 15년 정도 더 오래 산다. 서초구 고소득층의 기대 수명은 86.2세인데 강원도 화천구 저소득층의 기대 수명은 71세다. 소득 불평등이 커질수록 건강, 기대 수명뿐만 아니라 비만, 우울증, 자살률, 출산율, 미혼율, 이혼율, 살인율 등과 관련된 지표도 나빠진다.

한 사회 내뿐만 아니라 국가 간에도 불평등이 커지고 있다. 세계는 어느 때보다 많은 것을 생산하지만, 여전히 많은 사람이 굶주리고 있다. 《육식의 종말》에 따르면 지구에서 생산되는 전체 곡식의 3분의 1이 가축 사료로 쓰인다. 그러나 여전히 기아와 영양실조로 수많은 사람이 고통받고 죽어 간다. 이것은 마치 소가 사람을 잡아먹는 것과 같다. 공용 화장실조차 없는 곳에 사는 사람들이 세계 인구의 40퍼센트에 달한다. 위생 환경이 나쁜 탓에 감염병에 쉽게 걸리고, 매년 240만 명이 설사로 사망한다.

세계는 어느 때보다 불평등하다. 사회학자 예란 테르보른은 "세계를 하나의 국가로 본다면, 현재의 불평등은 1890년대 수준이다"라고 말했다. 2조 달러 대 2조 80억 달러! 2020년 미국 상위 50명의 자산과 미국 하위 1억 6,500만 명의 자산이다. 50만 명 대 1억 6,500만 명이 아니다. 50명 대 1억 6,500만 명이다. 미국만의 문제가 아니다. 국제구호기구 옥스팜의 2020년 불평등 보고서에 따르면, 세계 최상위 부자 2,000여 명이 가진 돈이 세계 인구 60퍼센트인 46억 명이 가진 돈보다 더 많았다. **전 세계 상위 1퍼센트의 재산은 나머지 99퍼센트의 재산보다 두 배나 많다.**

고전 경제학의 창시자인 애덤 스미스는 **큰 부(富)에는 반드시 큰 불평등이 따른다고 했다.** 그는 한 사람의 부자가 있으려면 적어도 500명의 가난한 사람이 있게 마련이라고 덧붙였다. **소수의 풍요는 다수의 가난을 전제하기 때문이다.**

2019년 억만장자를 분석한 보고서를 낸 옥스팜은 "이집트에서 피라미드가 만들어질 때부터 매일 1만 달러(한화 약 1,350만 원)를 저축해도 가장 부유한 억만장자 5명이 가진 평균 자산의 5분의 1을

버는 데에 그칠 것"이라고 밝혔다. 참고로 피라미드는 4000년 전
에 만들어졌다.

불평등은 어떤 문제를 불러올까?

"우리는 부자에게 먹을 것을 요구하지 않습니다. 우리는 그들
이 가진 것을 넘보지 않습니다. 다만 그들이 먹다 남은 음식을 쓰
레기통이 아니라 우리에게 던져 주기를 바랍니다." 영화 〈올 더
킹즈 맨〉(2006)에서 가난한 이를 대변하는 재정관 윌리 스탁의 연
설 내용이다. '쓰레기통 대신 우리에게'를 요구해야 할 정도로 불
평등이 심각해지고 있다.

불평등은 경제 성장을 저해한다. **불평등은 경제 성장의 결과로
나타나지만, 역설적으로 극심한 불평등은 경제 성장을 가로막는다.**
씨티그룹이 2020년 펴낸 〈인종 간 불평등 격차 줄이기〉라는 보
고서는 "임금, 교육 등에서 발생한 인종 간 격차가 20년 전에 줄
었더라면 미국의 국내 총생산은 16조 달러가 더 늘었을 것"이라
고 분석했다. 16조 달러면 우리 돈으로 2경 1,500조 원이 넘는 엄
청난 액수다.

같은 액수의 돈을 부자보다 가난한 사람에게 주어야 경제적 효

과가 더 크다. 이를테면 부유한 사람은 소득이 100만 원 늘어나면 돈을 저축할 가능성이 크다. 지출 여력이 충분하기 때문에 굳이 100만 원을 더 쓸 이유가 없다. 반면 가난한 사람은 소득이 100만 원 늘어나면 그동안 미뤘던 소비를 위해 돈을 쓸 가능성이 크다. **경제적 양극화가 심해질수록 시장은 활력을 잃고 침체한다. 성장 잠재력도 약화한다. 양극화가 경제 발전에 걸림돌인 이유다.**

불평등과 양극화가 심해지면 계층 상승에 대한 기대가 꺾이면서 경제 활력도 떨어진다. 가난한 가정에서는 자녀들의 교육에 대한 투자를 줄인다. 어차피 성공 가능성이 높지 않다고 판단하기 때문이다. 쉽게 말해, 열심히 공부하고 일할 동기가 사라진다. 그러면 사회 전체의 생산성이 떨어진다. 부의 편중과 대물림은 바람직하지 않다. 사회적·경제적 이동성이 낮은 사회는 미래가 어둡다.

불평등은 타인, 더 나아가 공동체에 대한 신뢰를 떨어뜨려 사회를 분열시킨다. 불평등은 타인에 대한 불신과 적대감을 키운다. 불평등이 심할수록 사람들은 협력 대신 경쟁을 좇기 때문이다. 더 나아가 정부와 정치에 대한 신뢰도 떨어진다. 아무리 열심히 일해도 처지가 나아지지 않는다면 누가 사회에 소속감을 느끼고 열심히 일하겠나? 결국 폭력과 범죄가 증가하면서 불안정성이 높아진다.

극심한 불평등은 사회를 무너뜨릴 수 있다. 2019년 〈네이처〉에 실린 논문은 극심한 사회적·경제적 불균형이 사회 붕괴의 원인이 된다고 꼬집었다. 역사학자 발터 샤이델 역시 《불평등의 역사》에서 역사적으로 불평등의 벽은 폭력적 충격이 허물었다고 말한다. 그는 폭력적 충격의 네 가지 양상으로 전쟁, 혁명, 국가 붕괴, 팬데믹을 제시했다. 역사를 보면 극단적인 불평등은 반드시 수정돼 왔다. 다만 그 방법은 전쟁, 혁명 등으로 극단적이었다. 극단적 불평등에는 극단적 방법이 따른다.

세계불평등연구소는 불평등이 코로나19 이후 더 심해져 제국주의가 맹위를 떨치던 20세기 초반과 비슷해졌다고 분석했다. 당시 소득 불평등이 정점을 찍었던 미국과 유럽에서는 대공황과 세계 대전이 연달아 일어났다. "대공황은 히틀러를 낳았고, 2008년 시작된 금융 위기 10년은 이단아 트럼프를 낳았다." 미국 컬럼비아대학 역사학 교수 애덤 투즈가 《붕괴(Crashed)》에서 한 말이다. 미래가 위험하고 극단적인 방향으로 흘러가지 않도록 대책을 세워야 하지 않을까?

인류 역사에 나타난 자본주의의 황금기는 민주주의 정부의 적극적 개입으로 이루어졌다. 당시 세계는 무척 평등했다. 미국은 흑인에게 투표권을 부여하고, 프랑스와 독일은 아내가 남편에게 종속되는 기존의 결혼 규정을 폐지했다. 의료와 건강 문제에 국제적인 협력이 이뤄지면서 세계보건기구(WHO)를 설립했고, 이는 심각한 평균 수명 격차를 줄이는 데 큰 역할을 했다. **평등한 세상을 만들기 위해 여기저기에서 노력해 왔다. 불평등이 완화되자, 인류는 경제적으로 매우 큰 성장을 이뤘다.**

기술의 진보가 불평등을 키울까?

경제학자 존 케인스는 1930년 대공황을 겪는 영국인들에게 〈우리 후대의 경제적 가능성〉이란 제목의 희망적인 글을 남겼다. 그는 100년 후 인류는 최저 생계비나 일자리 부족 문제로 걱정할 일이 없을 것이라고 장담했다. 한편 케인스는 1923년에 발표한 《화폐 개혁론》에서 "우리는 지금 이름조차 생소한 새로운 병을 앓고 있다. 하지만 앞으로 자주 듣게 될 이 병의 이름은 바로 '기술적 실업'이다"라고 말했다. 그는 기술이 인간보다 더 뛰어난 성과를 내면서 인간 노동력을 침해할 것으로 예측했다.

기술에 대한 케인스의 예측은 현실이 되고 있다. 디지털 기술은 경제 성장과 풍요를 가져왔지만, 동시에 소득 격차와 불평등을 심화했다. 상위 0.01퍼센트의 소득은 총소득의 5.5퍼센트를 차지한다. 1929년 대공황 이후 가장 큰 격차다. 0.01퍼센트는 대다수가 디지털 기술 혁신을 주도하는 개발자와 투자자다. 디지털 기술의 수익이 노동자보다 자본 소유자에게 집중되는 모습이다. 매사추세츠공과대학(MIT) 에릭 브린욜프슨, 앤드루 맥아피 교수는 《제2의 기계 시대》에서 디지털 기술이 풍요의 엔진인 동시에 격차의 엔진이라고 주장했다.

기술의 혜택은 모두에게 평등하게 분배되지 않는다. 기술의 혜택을 가장 많이 누리는 사람은 언제나 부유한 이들이었다. 즉, 기계를 소유할 수 있는 사람들이었다. 19세기 산업화 때도, 20세기 자동화 때도, 언제나 그랬다. 미래 사회라고 달라질까? 인공 지능 학자 제리 카플란은 《인간은 필요 없다》에서 미래 사회가 '자산 대 사람의 투쟁'이 될 것으로 전망했다. 기술 발전의 가속화는 자본이 있는 소수에게 돈 벌 기회를 더 많이 제공한다. 그러나 가진 것이 노동력뿐인 사람에게는 실업과 빈곤을 안겨 준다.

인공 지능으로 대표되는 자본의 편중 현상이 큰 사회 문제로 대두할 것이다. 챗GPT 같은 인공 지능을 개발하려면 막대한 돈이 들어간다. 당연히 개발비를 투자한 사람들이 그 기술로 돈을 번다. 기술 발전의 혜택은 자본과 정보를 많이 가진 사람에게 집중된다. 과학 기술을 활용할 줄 아는 사람은 부와 권력을 누리지만, 기술 변화에 뒤처진 사람은 소외될 수밖에 없다.

인공 지능은 부(富)의 양극화*와 불평등을 부추긴다. 아마 초양극화 사회가 될 것이다. 서울대 연구팀이 발표한 〈미래도시 연구보고서〉에 따르면, 대한민국은 2090년 극단적인 양극화 사회가 된다고 한다. 거대 정보 통신 기업을 소유한 0.001퍼센트가 최상위층을 이루고 그 아래로 연예인, 정치인 등이 0.002퍼센트를 형성한다. 그다음은 인간보다 값싸고 효율적인 노동력을 제공하는 ‘인공 지능 로봇’이 위치한다. 나머지 시민들은 최하위 노동자 계급으로 로봇보다 못한 취급을 받을 것이라고 한다. 99.997퍼센트가 말이다.

양극화

말 그대로 중간층이 얇아지고 부유층과 빈곤층의 양극단이 커지는 현상이다. 양극화가 심한 사회에서 잘사는 사람은 더욱 잘살지만, 못사는 사람은 더 못살게 된다.

역사학자 유발 하라리는 “인공 지능과 생명과학의 성과가 결합하면 인류는 소수 슈퍼 휴먼 엘리트 계층과 쓸모도 권력도 없는 호모사피엔스 하위 계층으로 양분될 수 있다"라고 전망했다. **인공 지능과 생명과학의 성과를 독점한 소수 엘리트가 살아가는 세계와, 기술 발전의 혜택을 누리지 못하는 다수가 겨우 삶을 이어가는 세계로 나뉘는 것이다. 인류 역사상 최악의 불평등이 도래할지 모른다.**

데이비드 비즐리 세계식량계획(WFP) 사무총장은 2021년 테슬라 CEO인 일론 머스크에게 이런 제안을 했다. "당신 돈 60억 달러면 4,200만 명을 살릴 수 있다." 머스크가 가진 자산의 3퍼센트만 써도 4,200만 명을 굶주림에서 구할 수 있다는 얘기였다. 불평등을 해결하려면 어떻게 해야 할까? 데이비드 비즐리 사무총장의 제안처럼 기술 발전의 혜택을 독점한 소수 엘리트가 나머지 사람들에게 자선을 베풀어야 할까? 아니면 기술 발전의 혜택을 공정하게 분배하는 방법을 찾아야 할까? 이것은 우리가 직면한 중요한 문제다.

과연 자기 능력일까?

우화 '개미와 베짱이'의 주제는 부지런하면 잘살고 게으르면 못산다는 것이다. '개미와 베짱이' 같은 이야기에는 가난을 오직 개인의 탓으로 돌리는 교묘함이 숨어 있다. 빈부 격차 같은 사회적 불평등을 오로지 개인의 탓으로 돌릴 수 있을까? 개인보다 사회 구조적 원인이 더 크지 않을까? 개인의 노력으로 넘어설 수 없는 구조적 불평등이 있다. "무릇 있는 자는 받아 넉넉하게 되되 없는 자는 그 있는 것도 빼앗기리라"라는 〈마태복음〉의 한 구절처럼 말이다.

"당신의 가난은 오로지 당신의 책임입니다." 사회는 이렇게 말한다. 가난의 원인을 개인의 무능력과 무책임에서 찾는 것이다. 그런 편견 탓에 가난한 이들에게 부당한 차별이 가해진다. **개인의 잘못된 습관이 빈곤에 영향을 미칠 수 있지만, 빈곤을 오롯이 개인의 탓으로 돌려서는 안 된다.** 나쁜 습관이나 태도는 가난한 이들만이 아니라 모든 사람에게 나타날 수 있는 특징이다.

가령 음주와 빈곤의 관계를 볼까? 2010년 기준으로 한국에서 소득 하위 20퍼센트에 해당하는 가구주의 음주율은 52.93퍼센트로 가장 낮았다. 반면 소득 상위 20퍼센트에 해당하는 가구주의 음주율은 84.23퍼센트로 가장 높았다. 주 2회 이상 술을 마시는 고위험 음주자 비율 역시 하위 20퍼센트와 상위 20퍼센트가 거의 차이가 없었다. 미국, 인도 등지에서 3만 5,567가구의 빈곤 경로를 추적한 연구에 따르면, 음주나 게으름 때문에 빈곤에 처한 경우는 가난한 이들 가운데 5퍼센트도 되지 않았다.

누구나 자신이 원하는 진로를 선택해서 더 나은 삶을 살기를 꿈꾼다. 그러나 현실은 냉혹하다. 출생 환경에 따라 건강 상태와 기대 수명에 큰 차이가 나고 부모의 재력, 인종, 종교에 따라 삶의 방향과 질이 결정된다. 사회학자 예란 테르보른은 "불평등은 이미 자궁에서 시작된다"라고 말했다. 스탠퍼드대학 루이스 터만 교수는 아이큐 140 이상의 아이들을 선발해 반세기 동안 추적 관찰했다. 그 결과 지적 능력이 높은 집단에서도 학업 성적이나 업무 성취가 열 배 이상 차이 났다. 가장 높은 성취를 거둔 사람들의 공통분모는 가정 환경이었다. 그들은 모두 상류층이나 중산층 가정에서 자랐다.

가정 환경은 그들이 노력해서 얻은 결과가 아니다. 부자로 태어난 것은 그저 주어진 선물일 뿐이다. 미국의 전설적인 미식축구 감독 배리 스위처는 "어떤 사람들은 자신이 3루에서 태어났으면서 3루타를 친 줄 알고 살아간다"라고 했다.

부잣집 자식도 열심히 노력하지 않냐고? 철학자 존 롤스는 《정의론》에서 '노력도 철저히 사회적·가정적 환경의 산물일 수 있다'는 관점을 제시한다. 성공하려면 개인의 노력도 중요하지만, 노력을 가능하게 하는 환경 역시 중요하다는 뜻이다.

앞서 살펴보았듯이 현대의 불평등은 국가 간 소득 격차에서 상당 부분 기인한다. 경제학자 브랑코 밀라노비치에 따르면 개인 소득의 80퍼센트 이상은 국적과 부모의 소득에 따라 결정된다고 한다. 따라서 개인의 소득은 결정적으로 국적, 즉 출생지에 달렸다고 볼 수 있다. 개인이 평생 벌어들이는 소득은 대개 태어날 때 결정된다. 그러니까 잘사는 나라와 못사는 나라의 임금 격차는 개인의 생산성이나 능력이 달라서 생기는 게 아니다.

인도에서 버스를 모는 운전사와 스웨덴에서 버스를 모는 운전사를 비교해 보자. 누가 보수를 더 많이 받을까? 당연히 스웨덴의 버스 운전기사다. 인도 뉴델리는 버스 운전기사 시급이 18루피 정도다. 반면 스웨덴 스톡홀름은 130크로나, 인도 돈으로 계산하면 870루피다. 거의 50배가 차이 난다. 그렇다면 스웨덴 기사가 인도 기사보다 운전을 50배 더 잘할까? 두 사람의 임금 차이는 어디에서 비롯할까? 개인이 가진 능력이 아니라 스웨덴과 인도라는 국가의 차이에서 발생한다.

　잘사는 나라의 사람이 못사는 나라의 사람보다 전체적으로 더 많은 교육을 받는 건 사실이다. 그러나 교육이 생산성을 높인다는 직접적인 증거는 없다. 게다가 생산 현장에서는 교육이 별다른 효과를 낳지 못한다. 제조업의 경우 기계가 더 많은 지식과 기술을 대체한다. 그 결과 개별 노동자가 알아야 하는 지식의 양은 과거보다 오히려 줄어들었다.

　각 정부의 이민 장벽은 임금 격차를 유지하는 비결이다. 만약 국가 간 이주가 자유롭다면 잘사는 나라의 일자리는 대부분 못사는 나라에서 온 노동자가 차지할 것이다. 정부가 이민자와 외국인 노동자 수를 일정하게 통제하기 때문에 자국 노동자들은 직업의 안전성을 유지할 수 있다. 부자 나라에 사는 대다수 사람은 보호주의 덕분에 생활 수준을 유지한다. 물론 이민 정책이 부(富)를 생산해 낸다는 건 아니다. 부는 누적적 지식과 사회적 인프라, 사회적 생산성 차이에서 발생한다. 이민 정책은 그렇게 창출된 부가 국가 내에서 어떻게 배분될지에 관여한다.

　그렇다면 가난한 나라에서 빈둥거리며 게으르게 지내는 사람들은 뭘까? 그건 그들이 원래부터 게을러서가 아니라 할 일이 없기 때문이다. 가난한 나라에는 일자리가 넉넉하지 않다. 따라서 실업이나 준

실업* 상태인 사람들이 많다.

이 경우에도 게을러 보이기 십상이다. 이들에게 일자리를 충분하게 제공하면 어떻게 될까? 그들은 누구보다 열심히 일할 가능성이 높다. 이 점은 게으르고 무능력해서 가난하다고 여겨지는 나라 출신의 사람들이 부자 나라로 이민 가서 현지인들보다 더 열심히 일하는 모습에서 확인할 수 있다.

문제는 가난이 아니다. 게을러서 일하지 않는 사람도 있지만 일하고 싶어도 일이 없어서 못 하는 사람도 많다. 가난을 바라보는 시선이 가난한 게 진짜 문제다. 소설가 공선옥은 "가난을 바라보는 시선이 덜 가난해졌으면 좋겠다"라고 말했다. **가난한 개인에게 모든 책임을 떠넘겨서는 안 된다. 개인을 넘어선 구조를 볼 필요가 있다. 개인이 처한 사회적 환경과 구조 말이다.**

다른 세상이 가능할까?

"요람에서 무덤까지." 이 말은 한때 근대 복지 사회의 이상을 나타냈지만, 지금은 불평등 사회의 현실을 보여 준다. 부자는 더 건강하고 더 오래 살며 더 많이 배우고 더 많은 자유를 누린다. 부의 세습은 문제를 더 악화시킨다. 개인의 노력이나 능력이 아니라 어떤 나라에서 태어나 어떤 부모 밑에서 컸는지에 따라 삶이 결정되는 현실이다.

《21세기 자본》으로 유명한 프랑스 경제학자 토마 피케티는 불평등 정도를 나타내는 '피케티 지수'를 발표했다. 피케티 지수가 높을수록 자본 소득이 근로 소득보다 많다는 뜻이다. 쉽게 말해 돈이 돈을 버는 속도가 일해서 돈을 버는 속도보다 빠르다고 이해할 수 있다. 우리나라는 피케티 지수가 8.28로, 4.1인 미국과 4.12인 독일의 두 배가 넘는다. 피케티는 "돈이 돈을 버는 속도가 일해서 돈을 버는 속도보다 빠른 것을 경계해야 한다"라고 말한다.

더욱 심각한 문제는 세습이 불평등을 심화한다는 점이다. 미국의 유명한 싱크탱크*인 피터슨국제경제연구소가 재산이 10억 달러(한화 약 1조 3,000억 원) 이상인 전 세계 부자 중에 상속이나 증여로 부자가 된 비율을 조사했다. 중국은 단 2퍼센트만이 상속 부자였지만 일본은 18.5퍼센트, 미국은 28.9퍼센트였다. 우리나라는 무려 74.1퍼센트가 상속 부자였다. 한국 사회에서 부자가 되려면 부자의 자식으로 태어나야 한다는 이야기다. 간디는 '원칙 없는 정치' '인격 없는 지식' 등과 함께 '땀 흘리지 않고 얻는 부'를 사회악으로

싱크탱크

정부 정책, 사회 문제, 경영 전략, 국제 관계 등을 분석하고 연구하는 기관이다.

꼽았다.

부의 세습은 단순히 돈을 주는 방식으로만 이루어지지 않는다. 오늘날 부는 교육을 통해 세습되기도 한다. 정아은이 쓴《잠실동 사람들》이라는 소설에는 사는 곳에 따라 학생을 선발하는 학원 이야기가 나온다. 빌라에 거주하는 학생이 다니는 학원을 고급 아파트에 사는 학부모들은 '수준이 낮다'고 생각한다. 그래서 애초에 그 학원은 빌라에 거주하는 학생을 받아 주지 않는다. 이와 비슷한 일이 현실에서도 벌어지고 있다.

불평등은 세 측면이 있다. 첫째, 경제적 불평등은 노동 소득과 재산 소득의 차이에서 생긴다. 일해서 버는 소득보다 부동산이나 금융 재산에서 나오는 소득이 더 커질수록 사회는 불평등해진다. 둘째, 일자리 불평등은 정규직과 비정규직, 대기업과 중소기업 등의 차이에서 발생한다. 셋째, 사회적 불평등은 기회의 평등이 주어지지 않는다는 게 핵심이다. 세 가지 불평등은 긴밀히 연결돼 있다. 그 결과 부자들은 단지 부자이기 때문에 점점 더 부유해진다. 빈자들은 단지 가난하므로 점점 더 가난해진다.

불평등을 완화하려면 각각의 측면에 세심하게 접근해야 한다. 사회 복지 시스템을 대폭으로 손봐야 한다. 지금과 같은 시스템 아래에서는 극소수의 자본가와 기술 엘리트만이 슈퍼 리치가 되고, 변변한 일자리조차 구하지 못한 대부분의 사람은 빈곤의 나락으로 떨어진다.

노동 소득과 재산 소득의 격차, 정규직과 비정규직의 격차를 어떻게 줄일 수 있을까? 현금으로 지급

하는 복지, 즉 공적 이전 소득*을 늘려야 하지 않을까? 예컨대 한국의 노인 소득 중 공적 이전 소득은 25.9퍼센트에 불과하다. OECD 평균은 57.1퍼센트다.

공적 이전 소득을 늘리려면 당연히 세금을 더 많이 거둬야 한다. 여기에는 부자들의 협조가 필요하다. 20세기 초반 철강왕이라 불리며 미국 최고 부호로 꼽혔던 앤드루 카네기는 "부자가 되는 것은 좋은 일이지만, 부자인 채로 죽는 것은 수치스러운 일이다"라는 말을 남겼다. 그는 죽기 전에 대부분의 재산을 교육과 문화 사업 등에 기부해 오늘날 미국 부자들의 기부 전통에 밑거름이 됐다. 마이크로소프트를 창업한 빌 게이츠는 2000년에 전 재산의 99퍼센트를 출연하는* 재단(빌 앤드 멜린다 게이츠 재단)을 설립했다. 부자들의 기부도 필요하지만, 상속세·재산세·법인세 등 조세 제도를 통한 재원 마련이 더 중요하다.

격차를 줄이기 위해서는 교육을 비롯해 의료, 주거 등 공공 서

출연하다 돈과 물품을 내어 도와주다.

비스를 이용할 기회를 제공하는 것도 필요하다. 특히 교육이 중요하다. 교육은 '기회의 평등'에서 빼놓을 수 없다. 기회의 평등은 사회적 이동 여부로 측정할 수 있다. 개인이 현재 계층에서 다른 계층으로 이동할 수 있는지, 부모가 속한 계층에서 다른 계층으로 이동할 수 있는지 등을 보면 그 사회의 기회 평등을 확인할 수 있다. **사회적 이동을 가능하게 하는 중요한 사다리가 바로 교육이다.**

"우리는 희망의 메시지를 사람들에게 보여 줘야 한다. 다른 세상이 가능하다고 말해야 한다." 영화 〈나, 다니엘 블레이크〉(2016)로 칸영화제 황금종려상을 받은 켄 로치 감독이 수상 소감으로 한 말이다.

엘리시움

2013년 개봉 | 닐 블롬캠프 감독 | 맷 데이먼, 조디 포스터 등 출연

〈엘리시움〉의 배경인 2154년에는 인류가 두 개의 세상에서 나뉘어 살고 있다. 하나는 황폐해진 지구, 다른 하나는 유토피아인 '엘리시움'이다. 지구에 사는 사람들은 가난과 전쟁에 시달리고, 아파도 치료를 받지 못한다. 방사능에 노출돼 죽음을 앞둔 주인공에게는 몇 알의 진통제만 주어졌다. 지구에 사는 사람들은 가난, 전쟁, 질병이 없는 엘리시움으로 이주하기를 꿈꾸며 살아간다. 영화는 이런 배경 속에서 주인공이 인류를 위한 싸움에 나서는 모습을 그린다.

세계의 미래

코로나19

컨테이젼

우리는 모든 것이 이윤으로
얽혀 있다고 믿었다. 그러
나 모든 것이 돈으로 연결
된 줄 알았던 세상은 실상
생명으로 이어져 있었다.
네 건강이 내 건강이었다.
네가 건강하지 못하면 나
도 건강할 수 없었다. 이제
생명으로 이어진 관계를 직
시하고 중시해야 한다.

코로나19 같은 팬데믹이 다시 올까?

영화가 현실이 되었다고?

2020년 1월 30일 세계보건기구는 코로나19 비상사태를 선언했다. 세계보건기구가 비상사태를 선언한 것은 2009년 H1N1 바이러스에 의한 신종플루, 2014년 소아마비, 2014년 서아프리카 에볼라, 2016년 지카바이러스 감염증, 2019년 콩고민주공화국 에볼라, 다섯 번뿐이었다. 그리고 3월 11일 세계보건기구는 코로나19의 팬데믹(pandemic)*을 선언했다.

〈컨테이젼〉(2011)은 개봉 당시인 2011년에는 큰 인기를 끌지 못했지만, 2020년 코로나19 바이러스가 무섭게 퍼지자 큰 관심을 모았다. 바이러스성 전염병이 전 세계를 강타한 상황을 10여 년 전에 현실감 있게 그려 낸 덕분이었다. 영화에서는 바이러스에 감염돼 전 세계적으로 2,600만 명이 사망한다. 코로나19로 2020년~2021년에 1,500만 명이 사망한 걸로 추산한다. 영화 속 끔찍한 현실을 전 세계인이 실제로 경험한 것이다.

<컨테이젼>은 어둠 속에서 기침 소리가 들리며 시작한다. 화면이 밝아지면서 'DAY 2'라는 자막이 나타난다. 영화는 바이러스가 퍼진 둘째 날부터 150일간을 하루하루 보여 주며, 시간이 지나면서 전염병이 어떻게 확산하는지를 그려 낸다. 중국에서 발생한 바이러스가 세계화를 등에 업고 미국을 비롯한 전 세계를 빠르게 마비시키는 과정이 나온다. 영화는 마스크 생활화, 비말이 튀는 것을 방지하기 위한 보호 장구, 감염자 격리, 온갖 음모론과 가짜뉴스의 범람, 각국의 혼란 등 코로나19를 예언이라도 하듯 전염병이 퍼지는 상황을 실감 나게 보여 준다.

영화의 마지막 장면이 압권이다. 전문가들이 역학 조사로 찾지 못한 재앙의 원인이 드러난다. 다국적 기업이 개발을 위해 숲을 파괴하면서 숲에 살던 박쥐가 사람이 사는 곳으로 스며든다. 돼

팬데믹

전염병이 여러 대륙에 걸쳐 전 세계를 덮친 '세계적 대유행' 상태를 가리킨다. 그리스어로 모두를 뜻하는 'pan'과 '사람'을 뜻하는 'demic'이 합쳐진 말로 '감염병이 모두에게 퍼진 상태'를 뜻한다. 제한된 지역에서 발생하는 유행병(에피데믹) 단계를 넘어 두 대륙 이상 퍼지는 전염병일 때 팬데믹이라고 부른다.

지 축사에서 박쥐가 떨어뜨린 먹이를 새끼 돼지가 주워 먹고, 이 때문에 박쥐 몸에 살던 바이러스가 돼지에게로 옮겨 간다. 돼지 는 식당으로 팔려 가고, 맨손으로 돼지를 손질하던 요리사가 손 을 씻지 않은 채 누군가와 악수한다. 악수한 사람은 영화 초반에 등장한 슈퍼 전파자다. 그리고 'DAY 1'이라는 자막이 뜨면서 영 화가 끝난다. 전염병이 퍼지기 시작한 첫째 날을 보여 주면서 재 앙이 어떻게 시작됐는지 알려 준다.

전염병은 인류에 어떤 영향을 미쳤을까?

보통 한 세기는 100년이지만, 역사가 달력에 그어 놓은 빗금처 럼 끊어지진 않는다. 역사학자 에릭 홉스봄은 20세기의 시작은 1901년부터가 아니라 1914년부터라고 주장했다. 1차 세계 대전이 발생한 1914년부터 냉전 시대가 끝나면서 소련이 몰락한 1991년 까지를 20세기로 보았다. 홉스봄의 견해에 따르면 20세기는 78년 밖에 되지 않는다. 그래서 그는 '짧은 20세기'라는 표현을 썼다. 그렇다면 21세기는 언제 시작됐을까? 2001년에? 아마도 2020년 코로나19가 시작된 그때가 21세기의 시작 아닐까?

전염병은 인류 역사와 함께해 왔다. 인류 역사는 바이러스로 퍼진 전염병의 역사로 볼 수도 있다. 선사 시대에는 전쟁이나 약탈로 목숨을 잃는 경우가 많았다. 그러다 소, 양, 말, 염소 등 가축을 기르기 시작하면서 전염병이 나타났다. 동물이 먼저 감염되고 그 바이러스가 사람에게 전파됐다. 사람이 무리를 지어 살아가고 대륙과 대륙을 이동하기 시작하면서 전염병은 더욱 널리 퍼졌다.

인류사에서 전쟁보다 전염병으로 죽은 사람이 훨씬 많다. 팬데믹은 과거부터 현재까지 인류 사회 제1의 살인자다. 많은 전염병이 구석기 말인 8000년 전에 등장했지만, 인류를 본격적으로 위협하기 시작한 것은 중세 시대인 5세기~16세기 무렵이다. 유럽에서는 인구가 늘어나고 자원이 고갈되면서 전쟁과 무역이 성행했다. 무역이 활발해질수록 전염병이 널리 퍼졌다. 전염병은 전쟁보다 더 큰 공포를 불러일으켰다. 한 국가, 심지어 한 문명을 몰락시키기도 했으니 그럴 만도 했다.

전염병의 세계적 대유행은 아주 낯선 게 아니다. 14세기에 유행한 페스트(흑사병)를 빼놓을 수 없다. 원인은 쥐벼룩에 붙어 사는 페스트균이었다. 14세기 중국에서 발병해 당시 인구의 3분의 1에 해당하는 3,000만 명이 희생됐고 실크로드를 따라 유럽으로 건너가 7,500만 명~2억 명이 죽음에 이르렀다. 유럽 인구의 30퍼센트~60퍼센트가 이 병으로 숨진 것으로 추정한다. 이후 이전 수준으로 인구를 회복하는 데 자그마치 200년이 걸렸다.

20세기에는 스페인 독감이 전 세계를 덮쳤다. 1918년 1차 세계 대전 때 발병한 스페인 독감은 세계 인구의 3분의 1을 감염시켰다. 대략 5억 명이 감염돼 약 5,000만 명~1억 명에 이르는 사망자를 냈다. 2,000만 명의 군인과 1,100만 명의 민간인이 희생된 1차 세계 대전보다 희생자가 많았다. 한반도에도 피해를 주었다. 조선에서는 무오년인 1918년에 대대적으로 퍼져 '무오년 역병'이라 불렸다. 당시 한반도 인구는 1,678만 명이었는데 742만 명이 감염되고 14만 명이 사망했다.

1945년 2차 세계 대전 이후로는 200만 명의 희생자를 낸 1957년~1958년 아시아 독감, 100만 명의 희생자를 낳은 1968년~1969년 홍콩 독감, 20만 3,000명의 희생자를 부른 2009년 신종플루가 있었다. 모두 인플루엔자 바이러스로 발생한 팬데믹이었다.

호랑이보다 무서운 마마라는 뜻의 호환마마(虎患媽媽)는 천연두를 뜻한다. 천연두는 한반도에서 가장 오래된 전염병으로 기록돼 있다. 기원후 6세기경 마한 시대, 한반도에 유입된 것으로 추정된다. 치사율이 30퍼센트였다. 호랑이보다 무서울 만했다. 우리나라는 1960년에, 전 세계적으로는 1980년에 천연두가 완전히 퇴치됐다. 무려 1500년 가까운 기간 동안 인류를 괴롭혀 온 것이다. 하나의 질병을 정복하는 일이 얼마나 어려운지 짐작할 수 있다.

팬데믹은 인류 역사의 '게임 체인저'였다. 가령 14세기 발생한 페스트는 유럽 근대화의 기폭제였다. "유럽의 근대화는 페스트에서 시작했다"라는 말이 있을 정도다. 페스트는 의학을 비롯한 과학 기술에 대한 대중의 관심을 불러일으켰다. 이는 책을 대량 생산할 수 있는 금속 활자 발명과 지식 혁명으로 이어졌다. 이후 종교 개혁, 르네상스, 산업 혁명 등이 연달아 일어났다. 페스트는 유럽 근대화의 인큐베이터였다.

인류는 왜 바이러스에 속수무책일까?

2019년 말에 발병한 코로나19로 2023년 9월까지 세계적으로 약 6억 9,000만 명이 확진됐고, 700만 명에 가까운 사망자가 발생했다. 공식적인 사망자만 그 정도다. 세계보건기구는 2년간 코로나19로 사망한 전 세계 인구가 1,500만 명에 이를 것으로 추산한다.

1,500만 명의 죽음을 막을 수 없었을까? 그들은 피할 수 없는 죽음을 맞이한 걸까? 사망자 가운데 바이러스 감염증이 어떤 것인지, 전염을 피하려면 어떻게 해야 하는지 제대로 안 사람은 얼마나 될까? 많은 사람이 바이러스 감염증 자체에 무지했다. 감염

됐던 환자들이 마스크만 충실히 쓰고 다녔다면 감염률은 최소한 30퍼센트 정도 떨어졌을 것이다. 손 씻기 등 개인위생 수칙을 철저히 지키고, 필요에 따라 감염 경로를 차단하는 안경이나 고글 등을 착용했다면 감염 확률은 더 낮아졌을 것이다.

중국에서 시작한 코로나19는 순식간에 유럽 전역으로 퍼졌다. 가장 먼저 큰 타격을 입은 나라는 이탈리아였다. 일부에서는 이탈리아가 코로나19를 가볍게 여긴 것이 팬데믹 초기 방역 실패 원인 중 하나라고 주장한다. 중국에서 감염자가 급증하고 주변 나라로 번져 나갈 때 이탈리아는 이를 강 건너 불 보듯 했다. 중국이 멀리 떨어져 있고, 중국과 자국의 상황은 다르다고 안일하게 생각했다. 중국에서 발생한 감염병이 자국에 직접적인 영향을 미칠 거라고 여긴 유럽 사람은 별로 없었다.

코로나바이러스의 존재는 1930년대 초반부터 알려졌다. 닭에서 처음 발견된 이후 가축에게 호흡기 감염병을 일으킨다고 여겼다. 그러다 1960년대부터 사람에게 기침감기를 일으키는 코로나바이러스가 보고되기 시작했다. 이후 21세기에 들어와 코로나바이러스는 사스와 메르스 등을 일으켰다. 코로나바이러스는 외막이 겉을 둘러싸고 있다. 여기에 단백질 돌기가 여러 개 박혀 있다. 돌기들이 왕관을 연상시켜서 라틴어로 왕관을 뜻하는 코로나(corona)가 이름이 되었다. 코로나19의 유전 정보는 박쥐 코로나

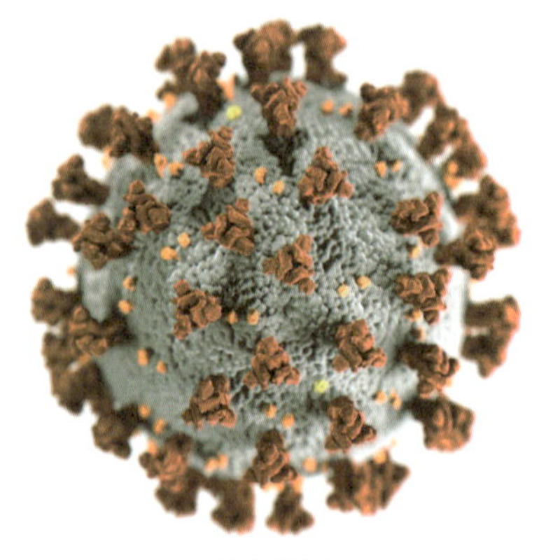

코로나바이러스

바이러스와 가장 비슷하다. 89퍼센트가 동일하다고 한다. 이것은 코로나19가 박쥐에 살던 바이러스에서 유래했을 가능성을 시사한다.

세균과 비교해 바이러스는 감염을 예방하고 치료제를 개발하기 까다롭다. 우선 바이러스는 크기가 너무 작다. 일반 현미경으로는 볼 수 없을 정도로 입자가 아주 작아서 고배율의 전자 현미경으로만 볼 수 있다. 평균 지름이 100마이크로미터(0.1밀리리터) 정도인 세포를 야구장에 빗대어 보자. 세균이 투수 마운드 크기라면 바이러스는 야구공만 하다. 세균은 독자적인 증식이 가능한 생물이다. 그에 비해 바이러스는 스스로 증식하지 못한다. 다른 유전체에 올라타, 그러니까 숙주가 증식할 때 슬쩍 따라서 증식하기 때문에 엄밀한 의미로는 생명체가 아니다.

바이러스는 치료제 개발도 어렵다. 감기는 대표적인 바이러스성 질환인데 치료 약이 없다. 만들지 못해서 없는 건 아니다. 감기 바이러스의 종류가 너무 많아서 없다. 감기를 일으키는 바이러스는 100여 종이 넘는다. 항생제는 여러 종류의 세균에 효과가 있으며, 실제로 관계가 없는 질환에도 어느 정도 효과를 보인다. 그러나 항바이러스제는 비슷한 바이러스 질환만 치료할 수 있다. **결국 세균과 다르게 바이러스를 정복하려면 바이러스 종류만큼이나 약을 많이 개발해야 한다.** 바이러스 정복이 어려운 이유다.

14세기 페스트가 몽골 병사들의 말을 타고 퍼졌다면, 21세기 코로나19는 비행기에 실려서 해외로 퍼졌다. 또 밀집, 밀접, 밀폐 즉 ‘3밀(密)’이라고 부르는 생활 방식과 노동 환경이 대규모 감염 사태를 빠르게 불러왔다. 세계화와 도시화를 향해 질주해 왔던 현대 문명을 돌아볼 필요가 있다. 현대 문명을 바꾸지 않으면 코로나19 같은 감염병은 언제든 다시 전 세계로 퍼져 나갈 것이다.

팬데믹은 일상을 어떻게 바꿨을까?

코로나19를 계기로 일반인들의 생활 습관이 변했다. 팬데믹 상황에서 사람들은 ‘뭉치면 살고 흩어지면 죽는다’가 아니라 ‘뭉치면 죽고 흩어져야 산다’를 모토로 삼았다. 되도록 사람 접촉을 줄였다. 실제로 만나지 않고 일을 보는 ‘비대면(untact) 사회’가 도래했다. 1인 식사, 나홀로 영화 관람 등 1인 문화가 급속도로 확산했다.

업무 방식도 바뀌었다. 재택근무와 화상 회의가 일반화됐다. 외국 기업 중 아마존, 제이피모건, 도요타 등이 재택근무를 시행했다. 이전까지 재택근무는 그다지 활발하지 않았다. 코로나19를 계기로 적극적으로 시험해 볼 수 있었다. 국내 기업의 40퍼센트 정도가 재택근무를 시험해 봤다고 한다. 재택근무의 장점이 뭘까? 직장인 개인 입장에서는 출퇴근에 소모하는 시간이 줄어든다. 기업 입장에서는 생산성을 향상하고 사무실 운영비를 절감할 수 있다. 사회적 측면에서는 원격 근무를 일반화하면 노동 인력이 활성화된다.

한국은 노동 생산성이 낮은 편이다. 노동 시간만 따지면 OECD 2위지만, 시간당 노동 생산성은 북유럽의 반에도 미치지 못한다. 오랜 시간 많이 일하기는 하지만, 일의 효율성은 떨어지는 것이다. 눈치성 야근이 대표적이다. 상사의 눈치를 보며 불필요한 야근을 한다. 업무 모습을 관찰해 보면 근무 시간의 40퍼센트 이상이 버려진다고 한다. 반면에 재택근무를 하면 해야 할 일을 미루지 않

고 재빨리 끝낸다.

물론 재택근무도 단점이 있다. 직장인 개인 입장에서는 고립 스트레스, 예기치 않은 업무 단절 등이 발생할 수 있다. 집이라는 공간의 특수성 때문에 집중하지 못할 수도 있다. 기업 입장에서는 팀의 응집력이 떨어진다. 또한 기업의 중요 정보가 유출될 가능성이 있다. 그래서 야후, IBM 등은 재택근무와 원격 근무를 줄였다. 온라인 회의도 한계가 있다. 소리와 보이는 영상에만 전적으로 의존하다 보니 비언어적 의사소통에 어려움이 있다. 가령 영상에서는 누가 어디를 보는지 정확히 알 수 없다. 이런 상황은 메타버스 같은 기술 도입으로 개선할 수 있다.

단점에도 불구하고 재택근무와 온라인 회의는 앞으로 더 활발해질 가능성이 크다. 재택근무, 원격 근무, 이동 근무 등을 합쳐서 '텔레 워크'라고 부른다. 재택근무는 말 그대로 집에서 일하는 것, 원격 근무는 회사가 아닌 곳에서 일하는 것, 이동 근무는 돌아다니면서 일하는 것이다. 미래에는 텔레 워크를 일반화할 가능성이 크다.

교육에서도 여러 변화가 일어났다. 원격 수업, 온라인 강의 같은 비대면 수업을 다양한 방식으로 시도했다. 재택근무처럼 어느 정도는 지속될 것으로 예상된다. 특히 대학에서는 그럴 가능성이 크다. 비대면 수업에 대한 논란도 많았지만, 비대면 수업을 진행하면서 대면 수업을 어느 정도 대체할 수 있다는 사실을 확인했기 때문이다. 반드시 학교에 출석해 실험이나 실습 등을 하지 않아도 되는 수업의 경우, 교수 재량에 따라 온라인으로 수업을 진행할 수 있다.

초기에 대학들이 온라인 강의를 시작할 때 교수진은 대부분 온라인 강의를 준비하는 데 어려움을 겪었다. 동영상 촬영·편집의 고충, 실시간 줌 수업의 한계 등 여러 문제가 있었다. 그러다 보니 처음에는 온라인 강의에 부정적인 의견이 많았다. 그러나 시간이 지나면서 긍정적인 평가가 나오기 시작했다. 바쁜 교수들은 온라인 강의 덕분에 굳이 학교에 나와서 수업하지 않아도 됐고, 학생들도 자신이 편한 곳에서 수업을 들었다. 이런 이점 때문에 코로나19 종식 이후에도 일부 대학에서는 온라인 강의를 부분적으로 지속할 것이다.

그러나 초·중·고등학교의 경우 상황이 다르게 흘러갔다. 대학의 온라인 강의와 비슷한 장단점을 가졌지만, 큰 차이점이 있었다. 어린 학생, 특히 초등 저학년은 비대면 수업을 할 때 부모나 보호자의 도움이 필요했다. 맞벌이 가정이 50퍼센트에 달하는 만큼, 갑자기 비대면 교육으로 전환하니 적잖은 혼란이 벌어졌다.

외식 및 쇼핑 문화도 바뀌었다. 온라인 주문과 온라인 쇼핑이 급증했다. 코로나19가 확산하면서 직장인 사이에서 '온라인 회식'

이라는 독특한 문화가 생겼다. 각자 집에서 온라인으로 얼굴을 보며 저마다 준비한 술과 안주를 즐기는 것이다. 비대면 시대가 찾아오면서 온라인 상거래 시장도 크게 성장했다. 사람들은 오프라인 상점을 찾는 대신 온라인 쇼핑을 이용했다. 특히 모바일 기기를 활용해 장소에 구애받지 않고 쇼핑할 수 있어 **온라인 쇼핑은 전에 없이 큰 성장세를 보였다.**

비대면은 여러 이점이 있다. 첫째, 시간과 장소에 구애받지 않는다. 둘째, 이동 시간 등 불필요한 시간을 절약할 수 있다. 즉, 시간을 절약하게 해 준다. 셋째, 이에 따라 여가 생활을 즐길 시간이 늘어난다. 넷째, 결과적으로 삶의 만족도가 향상된다. 코로나19가 끝나더라도 비대면이 일정 부분 유지될 수 있는 이유다.

코로나는 어떤 문제를 들춰냈을까?

코로나19의 대유행은 지금까지 보지 못한 사람들을 보게 했다. 코로나19는 인종, 세대, 직업, 계층에 따라 다르게 영향을 미쳤다. 코로나19 같은 재난 상황에서 사회적 약자는 더 고통받고 더 많이 죽는다. 사회적 위험은 평등하지 않다. 특히 한국 사회에서는 고령 세대, 자영업자, 비정규직 등이 코로나19로 큰 위험에 처했다.

　대표적으로 건강 불평등을 지적할 수 있다. 누구나 감염될 수 있다는 점에서 바이러스는 평등하다. 하지만 코로나19 실태 조사 결과를 보면 특정 인종, 계층, 지역의 사람들에게 전염병은 더 가혹하다. 먼저 인종에 따른 피해 정도가 크게 달랐다. 미국 주요 외신은 2020년 4월 미국 각지에서 발표한 집계를 종합한 결과 코로나19 사망자 중 흑인(아프리카계 미국인)이 42퍼센트에 달한다고 보도했다. 이는 미국 인구의 흑인 비율인 21퍼센트를 훨씬 웃도는 수치였다. 일부 지역은 더욱 심각했다. 미시간주는 흑인 비율이 14퍼센트에 불과하지만 코로나19 사망자의 경우에는 50퍼센트를 넘었다.

　계층에 따른 차이도 컸다. 2020년 5월, 미국 뉴욕시 보건부는 60여 지역의 코로나19 사망률을 공개했다. 공개된 내용은 빈곤층과 코로나19 사망률 사이의 명확한 상관관계를 보여 줬다. 주민의 30퍼센트가 빈곤층인 지역에서는 인구 10만 명당 232명이 사망했다. 반면에 빈곤층이 10퍼센트 미만인 지역에서는 인구 10만 명당 사망자 수가 100명 미만이었다. 사망률이 가장 높은 지역은 브루클린 인근의 스타렛 시티로, 인구 10만 명당 444명이 목숨을 잃었다. 이 지역은 임대 주택이 몰려 있고 흑인(40퍼센트 이상), 라틴계와 히스패닉(25퍼센트 이상)이 많이 산다. 그러나 고급 주택가인

그래머시 파크는 사망자 수가 가장 적었다. 이곳에는 백인이 주로 거주한다.

전염병은 언제나 약하고 가난한 자들을 가장 많이 공격한다. 조제 사라마구의 소설 《눈먼 자들의 도시》는 이를 잘 보여 준다. 이 소설은 실명(失明) 바이러스가 퍼진 도시를 배경으로 인간의 추악한 모습을 그린다. 전염병이 퍼지면서 법과 질서가 무너지자 여성은 성폭력과 착취의 대상으로 전락한다. 현실에서도 전염병은 노약자나 빈민 등 취약 계층에 치명적이다. 빈민가에서는 의료 서비스와 위생 시설이 부족해 감염률과 사망률이 급증하지만, 부유한 지역은 상대적으로 더 나은 환경과 자원 덕분에 피해를 덜 입는다.

코로나19도 마찬가지였다. 미국의 코로나19 사망자를 보면 흑인과 히스패닉계 사망자가 백인 사망자의 두 배를 넘었다. 그뿐이 아니다. 코로나19 팬데믹으로 세계 인구 99퍼센트의 소득이 줄어들었다. 2억 명가량은 빈곤층으로 밀려났다. 반면 코로나19가 창궐한 뒤 세계 부호 10명은 재산이 두 배로 늘었다. 전염병으로 가장 큰 피해를 보는 쪽은 가난한 사람들이다.

코로나는 노동자의 현실도 일깨웠다. 밀집된 일터는 전염병에 매우 취약했다. 콜센터가 대표적이다. 좁은 공간에 여러 사람이 다닥다닥 붙어서 일한다. 환기도 제대로 못 하고 칸막이도 없이 근무한다. 위험한 '3밀(密)'이라고 부르는 환경이다. 전염병이 전파될 가능성이 높을 수밖에 없다. 아파도 쉬지 못하고 근무하는 문제도 있었다. 열이 나고 몸이 아프면 출근을 자제하고 경과를 지켜보라고 방역 당국이 수차례 당부했지만 현실은 그렇지 못했다. 아파도 쉬지 못하는 분위기였다.

외부 활동 축소, 배달 주문 증가, 온라인 쇼핑 확대 등은 코로나19가 불러온 비대면 일상의 단면이다. 이런 상황에서 자영업자는 휘청일 수밖에 없었다. 특히 고깃집이나 노래방 등 배달이 어려운 업종은 타격이 컸다. 저금리 대출을 받기 위해 새벽부터 장사진을 이뤘다. 전염병 사태 속에서 생업에 타격을 입고 생계가 막막한 이들이 너무 많았다. 왜 그럴까? 한국인의 핏속에 장사 기질이 들어 있어서? 자영업을 하면 먹고살기 쉬워서? 당연히 아

니다. 좋은 일자리, 안정적인 일자리가 부족한 탓에 자영업으로
내몰린 결과다.

마지막으로 혐오의 문제가 있었다. 전염병 확산에 대한 불안감을 타인, 타지, 타국을 향한 비난으로 해소하려는 움직임이 일어나며 '혐오 팬데믹'이라는 또 다른 위기를 불러왔다. 혐오는 자신이 속한 무리 주위에 경계선을 긋고, 경계 바깥을 배제하는 방식으로 작동한다. 그러나 경계 없는 바이러스 앞에서 배제와 혐오가 과연 해결책이 될 수 있을까?

2020년 1월~3월 영국에서 중국인을 상대로 발생한 증오 범죄 건수가 직전 2년과 비교해 거의 세 배나 증가한 것으로 나타났다. 코로나19로 인한 혐오 범죄로 추정된다. 코로나19가 만들어 낸 혐오의 표적은 동심원을 그리듯 커졌다. 중국인은 우한 출신을, 아시아인은 중국인을, 서양인은 아시아인을 '잠재적 보균자'로 여기면서 저마다의 방식으로 혐오와 차별을 일삼았다.

혐오와 차별은 바이러스 전파를 차단하지 못한다. 오히려 검사와 치료를 어렵게 만들어 전파를 더욱 부추길 뿐이다. 혐오하고 차별하더라도 결국 모두가 연결될 수밖에 없다. 미국의 저널리스트 율라 비스는 《면역에 관하여》에서 "우리가 사회적 몸을 무엇으로 여기기로 선택하든, 우리는 늘 서로의 환경이다"라고 했다. 이를테면 내가 내뱉은 숨을 네가 들이쉰다. 이렇게 몸이 서

로 연결된 까닭에 나와 당신은 영향을 주고받게 된다. 따라서 공포와 혐오로 누군가의 일상을 짓밟는다면, 짓밟힌 그 일상은 부메랑이 돼서 이내 모두의 일상을 파괴할 수 있다.

팬데믹은 다시 올까?

사스, 에볼라, 조류 독감, 메르스, 코로나19를 거치면서 '인수 공통 감염병'*이라는 말에 익숙해졌다. 20세기 이후 나타난 신종 감염병 중 75퍼센트가 동물에게서 유래했다. 가령 스페인 독감, 홍콩 독감, 신종플루 등 치명적인 전염병은 대부분 인간이 박쥐나 설치류에서 유래한 바이러스에 감염돼 발병한 것으로 추정한다.

오래전부터 존재했던 인수 공통 감염병이 최근 들어 더 자주 발생하는 이유가 무엇일까? 바이러스성 전염병은 왜 계속 생겨날까? 인간과 동물의 접촉이 빠른 속도로 증가한 결과다. 무분별한 개발과 파괴가 원인이다. 인간이 열대 우림 등을 밀어내고 야생 동물을 가축화하거나 사냥해서 잡아먹는 과정에서 바이러스가 옮았을 가능

인수 공통 감염병
동물과 사람이 서로에게 전파할 수 있는 전염병을 말한다.

성이 크다. 무분별한 산림 파괴와 개발 등이 인간과 야생 동물의 밀접 접촉을 부추기고 그 결과 야생 동물에게 있던 병원체가 인간에게 전파된다.

영화 〈컨테이젼〉에서는 동물에서 인간으로 전파되는 'MEV-1'이라는 전염병이 등장한다. 이 역시 무분별한 개발에 따른 결과물이다. 다국적 기업 '에임 엘더슨'의 무자비한 개발로 숲이 파괴되면서 원래는 깊은 숲에 서식하던 박쥐가 농가의 돼지 축사로 날아간다. 그러면서 바이러스가 박쥐에게서 돼지로, 돼지에게서 인간으로 전파된다. 동물에게만 있던 바이러스가 변이를 일으켜 인수 공통 전염병이 된 것이다. 결국 수많은 인간을 죽이는 엄청난 나비 효과가 일어난다. 서식지의 파괴가 야생 동물과 인간의 접촉을 부추긴 결과다.

사실 열대 우림에 서식하는 동물은 사람과 마주칠 일이 거의 없었다. 시간이 갈수록 야생 동물과 사람의 생활권이 겹치고 있다. 아프리카 지역에서 시작된 에볼라 바이러스도 그랬다. 에볼라 바이러스는 치명률*이 88퍼센트에 이른다. 산림 훼손으로 인간과 박쥐의 접촉이 늘면서 박쥐 몸에 살던 에볼라 바이러스가 인간에게 옮았다. 인간이 생태계를 무분별

치명률

어떤 병에 걸린 환자 중에서 그 병으로 죽는 환자의 비율을 백분율로 나타낸 수치다. 치사율이라고도 한다.

하게 망가뜨린 결과다. 산림 파괴, 대규모 축산, 불법적인 야생 동물 거래 등은 인수 공통 감염병이 증가하는 요인으로 지적된다. 여기에 기후 변화가 강력한 복병으로 부상하고 있다.

인간과 동물의 관계가 급격히 변한 건 100년이 되지 않는다. 20만 년에 달하는 호모사피엔스의 역사에서 이 시간은 커다란 운동장에 놓인 축구공 크기에 불과하다. 그러나 지난 100년 사이에 인간과 동물의 관계는 혁명적인 변화를 겪었다. 바이러스가 새로운 감염병을 일으키지 못하게 하는 가장 확실한 방법은 인류가 더는 자연을 파괴하지 않고 보존하는 것일지도 모른다. 바로 이것이 인류가 코로나19를 경험하며 깨달아야 할 교훈 아닐까? 미래학자 헤이즐 헨더슨은 "위기를 낭비하는 것은 범죄"라고 했다.

또 다른 문제는 기후 변화다. 기후 변화는 바이러스성 전염병의 확산을 부추긴다. 적도 지역에는 수천 종의 바이러스가 존재한다. 지구가 더워지고 습해질수록 바이러스가 빠르고 광범위하게 퍼질 수 있는 조건이 만들어진다. 가령 기후 변화로 기온이 오르고 강수량이 많아지면 모기와 진드기 같은 감염병 매개체의 번식이 활발해진다. 이들 매개체는 다양한 종류의 병원체를 운반한다. 세계보건기구가 인류의 건강을 위협하는 핵심 요인으로 기후 변화를 꼽는 이유도 그 때문이다.

극지방도 문제다. 〈뉴욕매거진〉 부편집장 데이비드 월러스 웰즈가 쓴 《2050 거주불능 지구》는 코로나19가 발발하기 전인 2019년에 출간됐다. 이 책에 따르면 지구에 아직 발견되지 않은 바이러스가 100만 종 이상 존재하며 기후 변화에 따라 완전히 새로운 차원의 질병이 나타날 가능성이 있다고 경고한다. 빙하가 녹으면 그 안에 갇힌 고대 바이러스가 깨어날 수 있다. 예컨대 빙하 속에 잠들어 있는 바이러스만 100만 종이다. 그중 1퍼센트만 살아나도 1만 종이다. 부활한 바이러스로 신종 전염병이 유행한다면 면역력이 없는 인류에게는 치명적이다.

미국 미네소타대학 감염병 연구·정책 센터장 마이클 오스터홈은 《살인 미생물과의 전쟁》에서 "장담하건대 코로나19 이후 대규모 감염병이 또 발생할 것"이며 "코로나19보다 규모가 클 것이고,

1918년~1919년 전 세계를 휩쓸어 5,000만 명~1억 명의 목숨을 앗아간 스페인 독감만큼 지독한 충격을 안길 수 있다"라고 경고했다. 역사학자 유발 하라리는 "코로나19 팬데믹 상황은 불가피한 자연재해가 아니라 인간의 실패"라고 평가했다. **언제가 될지는 모르지만, 팬데믹은 100퍼센트 다시 온다.**

돈이 최고인 세상이다. 돈을 위해서라면 사람도 물건처럼 버리고, 돈이 안 되면 자연도 쓰레기처럼 취급한다. 그런 세상에서 우리는 모든 것이 이윤으로 얽혀 있다고 믿었다. **그러나 모든 것이 돈으로 연결된 줄 알았던 세상은 실상 생명으로 이어져 있었다.** 네 건강이 내 건강이었다. 네가 건강하지 못하면 나도 건강할 수 없었다. 이제 생명으로 이어진 관계를 직시하고 중시해야 한다. 돈으로 연결된 관계는 위험 앞에서 순식간에 끊기지만, 생명으로 이어진 관계는 위험 앞에서 더욱 단단히 묶인다.

컨테이젼

2011년 개봉 | 스티븐 소더버그 감독 | 마리옹 꼬띠아르, 맷 데이먼 등 출연

홍콩 출장에서 돌아온 베스가 발작을 일으키며 사망한다. 곧이어 아들마저 죽음에 이른다. 얼마 지나지 않아 세계 각국에서 같은 증상으로 사망하는 사람들이 생겨난다. 감염자는 한 명에서 기하급수적으로 늘어난다. 사람들의 공포는 커져 간다. 급기야 "아무것도 만지지 마라. 누구도 만나지 마라"라는 말이 퍼지면서 공포는 극에 달한다. 이 영화는 전염병의 위협에 맞서는 인류의 대응을 생생하게 그려 낸다. 또한 우리가 모두 연결되어 있으며, 바로 그 때문에 바이러스에 취약할 수밖에 없다는 점을 잘 보여 준다.

어서 와!

기술의 미래
메타버스
레디 플레이어 원
현실은 시궁창이야.
난 탈출할 거야!

오늘날 세계는 언제든 네트워크에 접속할 수 있고 무엇이든 네트워크의 일부가 된다. 메타버스를 단순한 게임 사이트나 콘텐츠 플랫폼이라고 볼 수 없는 이유다.

우리가 아는 세상이 가상 현실은 아닐까?

메타버스 시대는 어떻게 앞당겨졌을까?

코로나19 확산으로 등교가 중단되자 학생들은 교실 대신 온라인에서 수업을 들었다. 외부 활동이 줄어들고 집에 머무는 시간이 늘어나자, 온라인에서 친구들을 만나고 다양한 활동을 이어 갔다. 현실에서 만나는 대신 어몽어스 같은 게임으로 교류했다. 일부 대학생들은 마인크래프트 안에 실제 학교와 비슷하게 건물과 교정을 꾸민 후 다양한 행사를 벌이고 심지어 온라인 졸업식도 열었다. 어몽어스와 마인크래프트는 메타버스 서비스다.

메타버스가 부상한 배경에 기술적 성취만 있는 것은 아니다. 코로나19가 메타버스 시대를 앞당겼다. **코로나19로 언택트 생활**

 미래학자들이 말하는 '거리의 소멸(the death of distance)'이다. 집에서 일하거나 수업을 듣는 '집콕 시대'에 현실 세계와 유사하게 작동하는 메타버스는 분출구가 됐다.

코로나19로 비대면 환경이 일상이 되고 디지털 기반이 갖춰지면서 메타버스는 점점 일상을 파고들었다. 여러 메타버스 플랫폼이 인기를 끌면서 주목받았다. 앞으로 일상생활의 많은 부분이 메타버스에서 이루어질 가능성이 크다. 메타버스 시장은 코로나 이후 크게 성장했다. 2025년에는 약 2,800억 달러(한화 약 370조 원) 규모의 시장을 형성할 것으로 전망한다.

메타버스가 대중의 관심을 끌기 시작한 것은 스티븐 스필버그의 〈레디 플레이어 원(Ready Player One)〉(2018)이 흥행한 후부터였다. 〈레디 플레이어 원〉은 메타버스의 미래를 잘 보여 준다. 때는 2045년, 머지않은 미래다. 인구 증가, 식량 위기, 인터넷 대역폭 폭등으로 살기가 어렵다. 주인공의 말에 따르면 "현실은 시궁창 같고, 모두가 탈출을 꿈꾼다."

사람들은 남루한 현실에서 벗어나려고 오아시스(Oasis)라는 가상 현실에 몰입한다. 오아시스는 별난 천재 제임스 할리데이가 만든 메타버스 플랫폼이다. 현실에서는 찾기 힘든 빠르고 강력한 자극이 있고 스트레스나 무료함, 외로움 같은 건 없다. 주인공 역시 미래가 없는 현실에서 도피해 가상 현실에 빠져 산다. 본인이 원하는 캐릭터가 되어 가상 현실인 오아시스를 탐험한다. 오아시스에 빠진 사람들은 현실 세계에서 아이가 배고파 우는 것도, 집에 불이 난 것도 모른 채 게임에 열중한다.

오아시스의 창업자 제임스 할리데이는 오아시스 안에 '이스터 에그'를 숨겨 놓고 이를 최초로 찾는 사람에게 오아시스를 물려주겠다는 유언을 남기고 숨을 거둔다. 주인공은 창업자가 유언으로 남긴 미션을 완수해 오아시스를 물려받는다. 가상 세계에 빠져 현실을 멀리하는 문제를 깨달은 주인공은 일주일에 두 번 오아시스의 문을 닫는다. 여기에는 현실 세계를 살피고 돌보라는 메시지가 담겨 있다. 한 가지 의문이 떠오른다. 메타버스에 접속하지 않는다고 '시궁창 같은' 현실이 나아질까? 메타버스와 현실은 동떨어진 세계일까?

메타버스는 무엇일까?

컴퓨터 과학자 니콜라스 네그로폰테는 《디지털이다》에서 "세상 전체가 인터넷 안으로 들어갈 것이다"라고 예측했다. 네그로폰테는 아톰(아날로그) 세계가 비트(디지털) 세계로 전환되는 것을 막을 수 없다고도 했다. 30여 년 전의 예측을 현실로 바꾼 결정적 도구는 스마트폰이다. 스마트폰은 사용자의 일상을 낱낱이 데이터로 만든다. 스마트폰 덕분에 아날로그 세상이 손쉽게 디지털 세상으로 전환된다. 사용자 입장에서도 시공간의 제약 없이 언제 어디서든 인터넷에 접속할 수 있다.

스마트폰은 미다스의 손과 같은 도구다. 앞으로는 메타버스가 그런 역할을 할 가능성이 높다. 10년마다 ICT(정보통신기술) 플랫폼은 거대한 패러다임의 변화를 겪었다. 1990년대는 PC 통신, 2000년대는 인터넷, 2010년대는 모바일이 변화를 주도했다. 아마도 2020년대는 메타버스의 세상이 되지 않을까?

1992년 닐 스티븐슨은 SF 소설 《스노 크래시(Snow Crash)》를 출간했다. 이 소설에서 아바타(분신)라는 개념과 함께 메타버스가 처음 등장했다. 소설 속에 나오는 가상 세계의 이름이 바로 메타버스다. 이 소설에서 메타버스는 가상의 아바타를 통해 들어갈 수 있는 가상 세계로 그려진다. 현재의 가상 현실 헤드셋(HMD)과 유사한 장치를 착용하고 메타버스에 접속하는 장면이 묘사된다. 《스노 크래시》의 메타버스 개념은 구글, 페이스북, 아마존, 에픽 게임즈 등의 가상 세계 비전에 직간접적인 영향을 주었다.

대중에게 메타버스가 알려진 건 2003년에 출시된 인터넷 기반의 가상 현실 공간인 '세컨드 라이프(Second Life)'를 통해서다. 세컨드 라이프는 사용자가 자기 아바타를 만들어서 친목 활동과 경제 활동을 하는 초기 단계의 메타버스를 보여 줬다. 사용자 사이의 교류, 경제 활동을 통한 이익 창출, 사용자가 직접 만들어 가는 가상 공간 등 메타버스의 여러 특징을 보여 주면서 사람들의 관심을 끌었다. 하지만 세컨드 라이프는 시대를 너무 앞서 나간 탓에 크게 흥행하지는 못했다. SNS와 스마트폰 게임 열풍 속에 2010년 문을 닫았다. 가상 현실을 구현할 인프라나 기반 장치를 제대로 갖추지 못한 탓이었다.

코로나19 팬데믹을 계기로 메타버스가 다시 부상하기 시작했다. 가상 현실(VR)·증강 현실(AR) 기술이 발전하고, 그래픽 기술도 하루가 다르게 좋아졌다. 거기에 무선 인터넷 속도도 상당히 빨라졌다. 집에서 일하고 수업 듣는 '집콕 시대'에 메타버스는 현실 세계의 대안이 됐다. 현실 세계나 진배없는 메타버스가 분출구가 됐다. 코로나19가 장기화되고 가상 공간에 대한 필요와 기대가 커지면서 메타버스는 다양한 형태로 발전했다.

메타버스는 아직 명확히 정의 내려지지 않았다. 메타버스를 글자 그대로 풀이하면 '넘어서다'라는 뜻의 '메타'와 세계나 우주를 뜻하는 '유니버스'가 합쳐진 말로 3차원 가상 세계를 뜻한다. 가상 현실보다 발전된 개념으로, 경제 활동은 물론이고 다양한 사

회 활동이 이뤄지는 온라인 공간이다. 메타버스에서는 이용자끼리 친교와 상거래, 경제 활동 등 오프라인에서 이뤄지는 다양한 활동이 가능하다. 가상 공간에서 파티를 열고 물건을 거래하고 강의를 듣고 건물을 세운다.

메타버스는 여러 사용자가 동시에 참여하는 온라인 롤플레잉 게임(MMORPG)과 유사하지만 근본적인 차이가 있다. 롤플레잉 게임은 정해진 시스템 내에서 선택적으로 활동한다. 즉, 기존의 온라인 게임은 현실 세계와 동떨어져 있다. 메타버스는 현실 세계와 가상 현실이 상호작용한다는 점에서 온라인 게임과 다르다. 이를테면 온라인 게임에서 구입한 아이템은 게임상에서만 쓰일 뿐 현실 세계로 가져올 수 없지만 메타버스에서는 이것이 가능하다.

〈레디 플레이어 원〉에서도 주인공이 가상 현실에서 슈트를 주문하자 상품이 집으로 배송된다.

메타버스의 특징을 잘 보여 주는 단어가 아바타다. 아바타라는 용어는 인터넷 초창기인 1990년 중반부터 2000년대 초중반에 주로 게임 속 플레이어(player)의 분신이란 뜻으로 통용되다가 이내 사라지고 캐릭터란 용어로 대체되었다. 메타버스가 주목받기 시작하면서 아바타라는 용어가 다시 등장했다. 예전과는 뜻이 다르다. 이전의 아바타는 현실의 나를 가상 세계로 단순히 투영한 디지털 복제(digital twin)에 불과했다. 그러나 메타버스 속 아바타는 나의 다양한 성격을 가상 세계로 투영한 결과(멀티 페르소나)일 뿐만 아니라 현실의 나에게 일정한 권리와 책임, 의무 등을 넘겨받아 행동하는 대리인(agent)이다. 메타버스 속 아바타의 행위는 실제 나의 행위로 여겨지기 때문에 아바타에게도 사회적 의무와 책임이 수반된다. **이는 메타버스가 단순한 가상의 오락 공간이 아닌 일상생활과 경제 활동이 가능한 세계임을 뜻한다.**

현실에 가까운 메타버스를 만들려는 이유가 무엇일까? 일상에서 직접 또는 쉽게 체험하기 어려운 일을 상상 속에서 시도해 보고 싶어서가 아닐까? 몸속, 지구 곳곳의 오지, 드넓은 우주 등 메타버스의 적용 범위는 끝이 없다.

메타버스는 어떻게 분류할까?

비영리 연구 단체인 미래가속화연구재단(ASF)은 2006년 공개한 보고서에서 메타버스를 단순한 가상의 공간이 아니라 가상 세계와 물리적 세계가 깊이 얽힌 형태로 이해해야 한다고 설명했다. **ASF는 메타버스를 '창조된 가상 세계(virtual worlds)' '현실을 복제한 거울 세계(mirror worlds)' '현실과 가상을 결합한 증강 현실(augmented reality)' '생활 기록 공간(life logging)' 이렇게 네 가지로 구분했다.**

'가상 세계'는 사람들에게 가장 친숙한 메타버스다. 말 그대로 영화나 게임에 등장하는 가상의 공간을 뜻한다. 가상 세계에서는 개인 맞춤형 아바타를 기반으로 다양한 서비스를 제공받는다. 가상 세계는 크게 게임 형태와 비게임 형태로 나뉜다. 월드 오브 워크래프트, 포트나이트, 리니지 등 다양한 온라인 게임들이 대표적인 게임 형태의 가상 세계다. 비게임 형태의 가상 세계는 커뮤니티 성격이 강하다. 특별한 목표나 경쟁 없이 서로 대화하고 공유하면서 시간을 보낸다. 세컨드 라이프가 대표적이다.

'거울 세계'는 구글어스나 차량 내비게이션, 배달 앱, 호텔 앱 같이 오프라인 세계를 복제해서 디지털로 옮긴 가상 현실을 뜻한다. 현실을 거울에 비춘 것처럼 똑같이 만들어 놓은 세상이다. 가령 앱으로 음식을 주문하고 배달 상황을 실시간으로 확인하는 것은 거울 세계의 사례다. 2005년 구글에서 만들어 배포한 가상의 지구본, 구글어스는 전 세계의 모습을 위성 사진으로 볼 수 있다. 구글 스트리트뷰와 연결돼 주변 거리와 풍경을 자세히 확인할 수 있다. 구글어스 하나만으로도 전 세계를 여행하는 느낌을 받는다.

'증강 현실'은 현실 공간에 가상의 이미지 혹은 효과를 덧붙여 보여 주는 기술이다. 현실 세계를 배경으로 현실 공간에 존재하지 않는 경험을 할 수 있는 가상 공간이다. 미국의 항공기 제조사 보잉이 비행기 조립 과정에 가상의 이미지를 입힌 것이 사실상 대중에게 선보인 최초의 증강 현실이다. 게임 '포켓몬 고'는 증강 현실을 대표하는 사례다. 포켓몬 고는 현실 세계에서 볼 수 없는 포켓몬을 스마트폰 같은 디바이스를 통해 현실 위에 보여 준다. 오프라인 세계에 가상 이미지를 덧씌우는 것이다.

'생활 기록'은 삶과 일상을 기록한다는 뜻이다. SNS 등 온라인 공간에 오프라인 세계의 기록과 흔적을 남기는 형태다. 틱톡, 페이스북, 인스타그램 등의 소셜 미디어가 생활 기록에 해당한다. 단순히 사용자가 저장하는 정보만이 아니라 GPS나 각종 센서 등을 활용해 저장된 위치 정보, 생체 정보 등도 포함한다. 생활 기록은 센서가 부착된 각종 장비를 착용하고 생활하는 과정을 통해 형성된 개인의 전자적 데이터의 총합이다. 생활 기록이 빅데이터와 연관이 깊은 이유다. 이런 데이터를 재조합해 구현하면 과거의 자신을 3차원으로 경험할 수 있다.

아래의 그래프에서 X축은 이용자에 대해서 내재적(이용자 경험이 중요)인지, 외재적(이용자를 둘러싼 환경이 중요)인지를 나타내는 기준이다. Y축은 현실(증강)에 가까운지(현실에 기반해서 정보를 제공하고 현실을 제어하는 시스템 구축), 가상(모의)에 가까운지(컴퓨터 그래픽으로 구현된, 현실과 별개의 가상 환경)를 보여 주는 기준이다.

'증강 현실'과 '생활 기록'은 모두 현실 세계와 밀접하게 연결돼 있다. 이들 메타버스는 현실 세계와 상호작용해 현실 세계를

메타버스의 네 가지 유형

재현하는 의미에 국한된다. 현실 세계가 있고 그 세계에 덧붙이거나 떨어져 나온 조각과 같다. 현실 세계에 대응할 수 있는 새로운 활동 공간으로서의 의미를 갖기에는 부족하다.

반면 '가상 세계'와 '거울 세계'는 완전히 디지털화된 환경에서의 경험에 초점을 맞춘다. 이들 세계는 사용자에게 새로운 가능성과 경험을 선사하며, 현실 세계의 제약에서 벗어날 기회를 제공한다. 삶을 확장한다는 의미에서 새로운 활동 공간으로 기능할 수 있다.

메타버스를 실현하려면 세 가지가 필요하다. 우리가 실제로 살고 있는 '현실 세계'와 컴퓨터 그래픽으로 구현한 '가상 세계', 그리고 두 세계를 이질감 없이 하나로 합쳐 줄 '실감 기술'이다.

대표적인 메타버스 플랫폼은?

2021년 10월, 월간 이용자가 29억 명이 넘는 세계 최대 SNS인 페이스북이 회사 이름을 '메타'로 바꿨다. 이는 메타버스를 회사의 미래로 내세운 결정이었다. 메타버스의 미래가 그만큼 밝다고 판단한 것이다. 로블록스, 포트나이트, 마인크래프트 등 게임 개발사들도 일찍이 메타버스의 잠재력과 가능성을 인식하고 있었다. 이들은 현재 대표적인 메타버스 플랫폼을 보유한 기업이 되었다.

가상 현실 게임 플랫폼인 '로블록스'는 대표적인 메타버스 서비스다. 로블록스에 접속하면 아바타로 3차원 입체 가상 공간에서 일상생활을 즐길 수 있다. 캐릭터의 생김새는 '레고'를 닮았다. **로블록스의 특징 중 하나는 게임 안에서 또 다른 게임을 할 수 있다는 점이다.** 로블록스 안에는 6,000만 개가 넘는 게임이 있다. 게임을 개발하는 전업 개발자만 150만 명이 넘는다. 월 이용자 수가 1억 5,000만 명에 달하고 하루 접속자가 4,000만 명에 이른다. 2021년 초 조사 결과에 따르면, 미국 내 16세 미만 청소년의 절반 이상(55퍼센트)이 가입한 상태다. 이들은 하루에 156분을 로블록스에서 보낸다고 한다. 미국 어린이의 3분의 2 이상이 현실 친구를 만나는 시간보다 로블록스에 쓰는 시간이 더 많아 미국의 '초통령 게임'이라 불린다.

게임 속 게임 세상은 이제 사회 속의 또 다른 사회가 되었다. **로블록스는 가상 화폐 유통 시스템을 구현했다. 사용자는 '로벅스 (Robux)'라는 가상 화폐로 아이템을 구매하고 유료 게임을 즐긴다.** 누구나 게임 내에서 콘텐츠를 제작해 판매할 수 있다. 게임 내 콘텐츠 제작자는 보상으로 로벅스를 받고, 로벅스로 콘텐츠 제작 도구를 사기도 한다. 로벅스로 콘텐츠를 구매하면 30퍼센트가 개발자에게 지급된다. 가장 유명한 사례는 로블록스 게임 '제일브레이크(Jailbreak)'를 개발한 고등학생 알렉스 발판즈다. 고등학교 3학년 때 만든 이 게임은 누적 이용자 수만 48억 명이 넘고, 게임 내 아이템 판매액은 연간 수억 원에 달한다.

삼인칭 액션 슈팅 게임 '포트나이트(Fortnite)'도 유명하다. 3억 5,000만 명이 가입했다. 원래 포트나이트는 여러 플레이어와 협력해 요새를 건설하고 상대를 물리치는 '배틀 로얄'* 게임이다. 비슷한 게임으로는 배틀그라운드가 있다. 포트나이트는 한때 배틀그라운드의 아류라는 평가를 받기도 했다. 아류라는 평가를 벗어나 차이를 보이게 된 건 '파티 로열' 덕분이다. '파티 로열'은 전쟁터에서 총을 내려놓고 만나는 일종의 비무장 지대다. 가벼운 게임을 즐기거나 콘서트 등 특별 공연을 관람할 수 있다.

포트나이트에서는 다른 플레이어들과 콘서트나 영화를 즐길 수 있다. 미국 래퍼 트래비스 스콧이 라이브 콘서트를 개최해 1,200만 명의 관객이 동시에 공연을 즐겼다. 모두 다섯 번의 공연을 열었는데 누적 참여자는 2,770만 명에 달했고 2,000만 달러(한화 약 270억 원)의 매출을 기록했다. 오프라인 투어 수익이 170만 달러(한화 약 22억 6,000만 원)라고 하니 온라인에서

배틀 로얄

본래 프로 레슬링 경기 방식이었다. 여러 선수가 링 위에서 한 명의 생존자가 남을 때까지 싸우는 방식이다.

훨씬 많은 돈을 번 것이다. BTS도 포트나이트를 통해 '다이너마이트' 뮤직비디오를 공개했다. 게임을 하지 않는 사용자도 포트나이트에 접속하는 이유다.

오픈 월드형 게임 '마인크래프트(Minecraft)'도 빼놓을 수 없다. 마인크래프트는 2020년 누적 판매 2억 장을 돌파해 세상에서 가장 많이 팔린 단일 게임으로 등재됐다. 사각형의 3D 블록을 활용해 광활한 자연 공간에 자신만의 건축물을 세운다. 동굴부터 대도시까지 다양한 형태의 가상 공간을 구현할 수 있다. 마인크래프트는 10대 이용자가 전체 이용자 수의 약 73퍼센트를 차지한다.

'디센트럴랜드(Decentraland)'는 암호 화폐 기반의 가상 현실 플랫폼이다. 디센트럴랜드 내 토지 규모는 제한적이기 때문에 수요에 따라 가격이 결정되며, 암호 화폐인 '마나(MANA)'를 통해 토지 거래가 이루어진다. 사람들은 자신이 소유한 땅에서 파티, 전시회, 영화 상영회 등을 열어 사람들을 끌어모으고 수익을 낸다. 이렇게 현실 세계의 사회적·경제적 활동이 메타버스에서도 단절 없이 이어질 수 있다.

경제 활동과 관련된 메타버스로 가상 부동산인 '어스(Earth) 2'도 유명하다. 어스 2는 실제 지구와 동일한 가상의 지구를 가로 10미터 세로 10미터 크기의 타일 형식으로 쪼개 판다. 팔린 땅은 땅을 산 사람이 속한 국가의 국기로 표시된다. 참고로 서울 광

화문 인근의 땅은 북한 네티즌들에게 거의 다 팔렸고, 평양 땅은 한국인들에게 많이 팔렸다. 초기에 타일 하나의 가격은 0.1달러에 불과했으나 지금은 크게 올랐다.

토종 메타버스 플랫폼도 있다. 네이버에서 2018년 선보인 가상 세계 교류 플랫폼 '제페토(Zepeto)'다. 제페토에서 사용자는 자신을 닮은 3차원 아바타를 생성한 뒤 다양한 가상 공간에서 지인과 교류할 수 있다. 또 제페토 스튜디오를 통해 자신이 원하는 아이템을 직접 만들고 이를 판매하여 돈을 벌 수도 있다. 출시 첫해 제페토의 누적 가입자 수는 5,000만 명에 달했다. 지금은 2억 명을 넘어섰다. 특히 가입자의 80퍼센트가 10대다.

그 외에도 많은 메타버스 플랫폼이 있다. 기존 기업들이 메타버스를 활용해 홍보 활동을 하는 경우도 늘어나고 있다. 이케아(IKEA)는 가상 현실 공간에서 집 안의 인테리어를 구성해 볼 수 있는 이케아 가상 현실 쇼룸 서비스를 소비자에게 제공한다. 국제 구호 기구들도 메타버스를 활용하고 있다. 유엔 난민 기구는 시리아와 이웃한 중동 국가 요르단의 난민촌 모습을 담은 가상 현실 콘텐츠를 이용해 모금 캠페인을 벌였다.

메타버스의 미래는 어떤 모습일까?

미래에는 다양한 메타버스 플랫폼이 생겨날 것이다. 여러 분야에서 새로운 플랫폼이 시간과 공간의 한계를 넘어서는 경험을 제공할 것이다. 미래학자 레이 커즈와일은 《특이점이 온다》에서 "2020년대 후반이 되면 가상 현실이 현실 세계와 구분이 불가능할 정도로 정교해질 것"이라 전망했다. 헤드셋, 밴드형 기기 등 웨어러블 기기로 오감을 자극할뿐더러 뇌에 직접 연결하는 신경학적 방법으로 실재감을 극대화한다. 2030년대가 되면 "인간과 기계, 현실 세계와 가상 현실, 일과 놀이 사이에 경계가 사라질 것"으로 예측했다.

메타버스 기술은 혁명적인 변화가 예상된다. 미래에는 AI 기술과 메타버스가 결합할 것이다. 가령 메타버스 내에서 개개인이 생성형 AI를 활용해 독특한 캐릭터와 환경을 구축하면 맞춤화된 가상 경험이 가능해진다. 또 챗GPT처럼 말 잘하는 인공 지능이 메타버스와 결합하면 음성으로 바로 작동이 가능해 훨씬 편리해진다. 확장 현실(XR), 사물 인터넷, 5G와 같은 고속 네트워크, 클라우드 컴퓨팅 등 다양한 기술이 더욱 발전해 메타버스에 적용되면 오감으로 더욱 생생하게 경험할 수 있다. 좀 더 실재감 넘치는 서비스가 가능하다.

메타버스가 가장 크게 바꿀 분야는 아마도 교육이 아닐까? 미래에는 고등학교나 대학교 수업이 원격 학습으로 대체될 것이라고 전망한다. 그러나 우리는 코로나19 팬데믹을 경험하면서 원격 학습이 긍정적이지만은 않다는 사실을 알게 됐다. 원격 학습의 근본적인 한계는 '존재감'이다. 원격 학습은 교사와의 눈 맞춤과 상호 소통, 친구들과의 토의나 토론, 현장 실습을 통한 실제 체험 등이 어렵다. 앞으로는 3차원 디스플레이, 가상 현실 헤드셋, 햅틱* 장치, 안구 추적 카메라 등 **다양한 메타버스 기술이 원격 학습의 한계를 넘어서게 할 것이다.**

가상 현실로 강의실이 무궁무진해진다. 가령 수업 시간에 프랑스 파리를 주제로 공부하면 지금은 교과서를 읽고 동영상을 보는 게 전부지만 앞으로는 가상 현실로 파리 시내 곳곳을 둘러볼 수 있다. 에펠탑도 올라가 보고, 루브르박물관에 전시된 예술품도 볼 수 있다. 해외 탐방 수업을 실제로 진행하려면 비용이 만만치 않다. 게다가 오가는 시간, 들이는 수고 등도 적지 않다. 그러나 가상 환경에서 진행한다면 비용과 수고가 거의 들지 않는다.

햅틱

만진다는 의미의 그리스어 형용사 'haptesthai'에서 유래한 말이다. 게임기나 스마트 디바이스 등에서 사용하는 휴먼 인터페이스 장치다. 사용자가 몸에 착용하면 촉각, 압력, 운동감 등을 느낄 수 있다. 가장 흔한 사례로는 스마트폰이나 웨어러블 기기의 '진동' 기능이 있다.

메타버스에서 만나 일할 수 있다면 여러모로 편리할 것이다. 개인은 시간을 효율적으로 쓸 수 있다. 출퇴근에 허비하는 시간과 비용을 아낄 수 있다. 기업 입장에서도 사무 공간 유지 비용 을 아낄 수 있다. 공장을 메타버스에 만들어 직원들이 미리 업무를 경험해 볼 수도 있다. 엔비디아에서 만든 '옴니버스'라는 메타버스 서비스는 현실에서 시험해 보기 어려운 환경을 만들어 놓고 화재, 홍수, 정전 등 비상 상황을 시뮬레이션해 볼 수 있다고 한다.

메타버스는 매장을 방문하지 않고도 상품을 체험할 수 있도록 한다. 자동차 제조업체 볼보의 가상 현실 앱에서는 실제 자동

차를 타는 느낌을 경험할 수 있다. 패션 브랜드 구찌는 제페토에서 특유의 패턴을 활용한 옷과 액세서리 등을 판매한다. 화장품 업체 로레알의 가상 메이크업 체험 앱으로는 다양한 화장품을 가상으로 사용해 볼 수 있다.

메타버스가 널리 쓰이면 운동, 명상, 물리치료, 심리치료 등의 분야에서 과거에 불가능했던 서비스를 제공할 수 있다. 몰입형 헤드셋, 근전도 센서, 3차원 프로젝션, 추적 카메라, 체적 홀로그램(3차원 홀로그램) 디스플레이 등을 결합해 실제 같은 체험이 가능해질 것이다. 펠로톤(Peloton)은 온라인으로 실시간 영상을 보면서 여러 사람이 함께 실내 자전거를 타는 홈 트레이닝 플랫폼이다. 펠로톤의 서비스는 레인브레이크(Lanebreak) 같은 실시간 가상 게임으로 확장되었다. 게임 속에서 자전거를 탄 사람은 환상적인 트랙을 달리면서 장애물을 피하고 포인트를 획득할 수 있다.

미래에는 단순히 읽는 뉴스, 보는 뉴스가 아니라 체험하는 뉴스로 저널리즘이 바뀔 가능성이 크다. 이를 '가상 현실 저널리즘'이라고 부른다. 사건을 가상으로나마 체험해 보는 것이다. 더욱 몰입감 높은 저널리즘을 구현하기 위해 가상 현실 기술과 저널리즘의 융합을 시도하고 있다. 미국의 〈뉴욕타임스〉는 가상 현실을 이용한 다큐멘터리 콘텐츠를 제작했다. 〈뉴욕타임스〉의 가상 현실 앱을 켜면 전쟁으로 가족을 잃은 이들을 만나 이야기를 듣거나 미국과 멕시코 사이의 국경을 둘러볼 수도 있다.

미국 IT 분야 리서치 기업 가트너에 따르면 2026년까지 25퍼센트의 사람들이 교육, 업무, 쇼핑, 여가, 뉴스, 엔터테인먼트 등을 위해 메타버스에서 하루 최소 1시간을 보낼 것으로 예상된다. 페이스북, 애플, 마이크로소프트 등 빅테크 기업은 메타버스의 잠재력과 산업적·사회적 파급력에 주목해 시장을 선점하려고 노력 중이다. 글로벌 컨설팅 기업 PwC는 메타버스 시장 규모가 2030년이면 약 1조 5,429억 달러(한화 약 2,080조 원)까지 성장할 것으로 전망했다.

물론 비관론도 있다. 코로나19로 반사이익을 얻어 급격히 부상했지만, 코로나19가 잠잠해진 시점부터 조용해진 측면이 없지 않다. 대세가 되기에는 부족하다는 지적이다. 비관론자들은 메타버스가 그저 흥밋거리에 그쳤다고 본다.

메타버스는 현실의 연장일까?

"우리가 살고 있는 사회가 실제 현실일 가능성은 거의 없다." 2016년 테슬라의 일론 머스크가 어느 콘퍼런스에서 한 말이다. 현실이 컴퓨터 시뮬레이션일 확률이 매우 높다는 것이다. 그는 우리가 살아가는 현실이 가상 세계가 아니라 진짜 세계일 확률이 10억 분의 1에 지나지 않는다고 말하며 "우리는 누군가의 비디오 게임이다"라고 주장했다.

머스크의 발언 이후 미국의 투자회사 메릴린치도 2016년 투자자들에게 비슷한 내용을 담은 보고서를 보냈다. "우리가 살고 있는 세계가 실제로는 우리의 후손인 미래 세대가 만든 시뮬레이션일 수도 있다"라면서 우리가 매트릭스*에 살고 있을 확률이 20퍼센트~50퍼센트라고 발표했다. 이 가설은 옥스퍼드대학 철학과 교수인 닉 보스트롬이 〈당신은 컴퓨터 시뮬레이션에서 살고 있나요?〉라는 논문에서 처음 제시했다.

메타버스가 '현실 속 가상 세계의 구현', 즉 물리적 현실 속 비물질적 가상을 구현하는 것이라면 우리는 이미 오래전부터 메타버스에서 살았던 게 아닐까? 우리가 꾸는 꿈은 가상이다. 꿈만 그럴까? 기억은 어떨까? 작가 마르셀 프루스트는 《잃어버린 시간을 찾아서》에서 꿈, 기억, 과거 등이 가상이라고 말한다. 우리는 과거를 있는 그대로 기억하고 떠올릴까? 현재의 삶이 과거의 기억을 변형하고 왜곡한다. 그런 의미에서 기억은

> **매트릭스**
>
> SF 영화 〈매트릭스〉에 나오는 일종의 가상 현실이다. 이 영화는 우리가 현실로 여기는 세계 전체가 가상 현실이라고 설정하고 있다. 모든 사람이 가상 현실을 실제 현실로 여기며 살아간다고 말이다.

가상이다.

　꿈이나 기억만 가상일까? 우리는 줄곧 허구의 세계에서 살았던 것이 아닐까? 최근에 AI 프로필이 유행했다. 인공 지능을 활용해 연예인 프로필 같은 사진을 만들어 준다. 젊은 층에서 AI 프로필을 주민등록증에 사용하려다 반려당한 일이 실제로 벌어졌다. 셀카도 비슷하다. 셀카 속 모습은 눈이 사탕만큼 크고 턱이 송곳처럼 가늘며 얼굴은 잡티 하나 없이 뽀얗다. 자신의 진짜 모습보다 가장 그럴듯한 모습만 담아낸다는 점에서 셀카는 '삶의 기록'이 아니라 '욕망의 기록'이 아닐까? 그런 셀카를 SNS에 올리고 보여 주며, 마치 그것이 진짜 자기 모습인 양 남몰래 '얼짱 대

회'를 치른다. **AI 프로필과 셀카가 보여 주는 진실은 우리가 상상 속 세계에 산다는 사실이다.**

오늘날 우리는 물리적 세계와 비물리적 세계에 걸쳐 동시에 존재한다. 쉬운 예를 들어 보자. 가족이 모여 식사하는 자리다. 손에서 휴대전화를 놓지 못하는 가족 구성원이 한 명쯤 꼭 있다. 그 사람은 동시에 두 공간에 존재한다. 친구와 소통하는 온라인 공간과 주방이라는 현실 공간이 그것이다. 오늘날 세계는 언제든 네트워크에 접속할 수 있고 무엇이든 네트워크의 일부가 된다. 메타버스를 단순히 게임 사이트나 콘텐츠 플랫폼으로 볼 수 없는 이유다.

1960년대 초반에서 1980년대 초반에 태어난 X세대 부모와 달리 1990년대 이후에 태어난 Z세대는 SNS, 유튜브, 온라인 게임 등에 익숙하다. X세대는 온라인 공간과 오프라인 공간이 단절돼 있고 들어갔다(로그인) 나오면(로그아웃) 끝이라고 생각했다. 그러나 Z세대는 생각이 다르다. **온라인 공간 바깥의 삶은 상상할 수 없다. 이들은 접속 상태가 초깃값이며, 온라인과 오프라인이 하나로 연결돼 있다. 가상 세계와 현실 세계가 하나다.** 손에서 휴대전화를 놓을 수 없다면 나이와 상관없이 절반은 Z세대가 아닐까?

우리는 현실 세계를 살아가면서 동시에 가상 공간에 존재한다. 현실 세계에 붙박인 존재만이 로그인과 로그아웃을 실행할 수 있다. 현실 세계에서 신분을 확인받은 사람만이 계정을 만들고 ID를 부여받는다. 현실 세계에서 신분을 온전히 증명하지 못하는 사람, 가령 범죄 의도가 있는 사람은 메타버스 ID를 부여받지 못한다. 또, 현실 세계의 주체가 자기에게 부여된 ID와 패스워드를 입력하고 메타버스에 접속함으로써 행위 주체는 온라인 안에서 자기 동일성을 유지한다. '오승현'이라는 내 신분으로 부여받은 ID는 비록 ID 어디에도 이름이 드러나지 않지만, 범죄를 저질렀을 때 ID 추적을 통해 신분이 밝혀질 수 있다. 그런 의미에서 ID는 나의 일부다. 이처럼 자기 동일성을 유지하기 때문에 행위 주체는 메타버스 속 아바타를 동일시하고 애착을 느낀다. 설사 겉모습이나 목소리가 달라진다고 해서 다른 인물이 되는 게 아니다.

레디 플레이어 원

2018년 개봉 | 스티븐 스필버그 감독 | 타이 셰리던, 올리비아 쿡 등 출연

2011년에 나온 동명의 SF 소설을 원작으로 한다. 영화에는 '오아시스'라는 가상 세계가 나온다. 오아시스에서는 자신만의 아바타를 꾸밀 수 있고 유명한 사람이나 캐릭터로 변신할 수도 있다. 누구든 될 수 있고 무엇이든 할 수 있으며 어디든 갈 수 있다. 상상이 현실이 되는 것이다. 수많은 사람이 시궁창 같은 현실에서 탈출하기 위해 VR 기기를 착용하고 오아시스에 접속한다.

넌 자동차니,
로봇이니?

기술의 미래
모빌리티
아이, 로봇
수동 모드로
전환합니다.

전통적인 안전 디자인은 운전자의 안전 운행을 위한 것이었다. 자율주행차는 안전 디자인의 개념을 완전히 바꾸어 놓는다. 운전에서 완벽히 자유로워지면 운전자라는 호칭은 사라지고, 탑승자라는 호칭만 남는다.

자율주행하는 차일까, 로봇일까?

모터쇼가 모빌리티 쇼로 바뀐다고?

"1930년이 되면 맨해튼은 3층 높이까지 똥이 쌓일 것이다."
1890년대에 나온 예측이다. 당시 말똥은 심각한 환경 문제였다.
1898년 미국 뉴욕에서 세계 최초로 열린 국제도시개발회의의 핵심 안건이 '말똥'일 정도였다. 19세기 후반에 도시가 커지면서 교통수단인 마차가 늘어났다. 크고 작은 수레부터 화물용 마차, 승객용 마차 등이 거리를 누볐다. 거리는 말똥으로 넘쳐 났다. 말은 하루에 최소 9킬로그램에서 최대 23킬로그램의 똥과 4리터의 오줌을 배설한다.

그때 혜성같이 등장한 청정 기술이 바로 자동차였다. 당시에

1900년경 뉴욕 거리 풍경

는 자동차가 환경오염의 주범이 될 거라고 예상하지 못했다. 오늘
날 자동차는 지구 온난화와 대기 오염을 초래한다. 그래서 전기
차가 등장했다. 코로나19로 중단됐던 국제 모터쇼가 2년 만에 독
일에서 열렸다. 세계 4대 자동차 전시회 중 하나인 독일 모터쇼는
자동차를 뜻하는 '모터'쇼 대신 이동을 뜻하는 '모빌리티'쇼로 이
름이 바뀌었다. 시대 흐름을 반영한 결과다. 전 세계 자동차 시장
은 내연차에서 전기차와 같은 친환경 차량으로 빠르게 전환하고
있다. 미래에는 전기차와 자율주행차가 대세가 될 것이다.

2035년을 배경으로 한 〈아이, 로봇(I, Robot)〉(2004)에는 완전 자
율주행차가 나온다. 서류를 보거나 통화를 할 때 또는 몸이 피곤

하거나 졸릴 때 자율주행 모드를 이용한다. 영화에 나오는 자율주행차는 수동 주행 기능이 있다. 운전자가 언제든 직접 운전할 수 있다. 수동 운전은 자율주행보다 훨씬 위험하다. 아니나 다를까 주인공은 운전 중에 통화하느라 앞서 달리는 트럭과 추돌할 뻔한다. 이를 감지한 차는 앞창에 적색 경고를 표시하고 경고 신호음을 보낸다.

“앞으로 사람이 직접 운전하는 자동차는 불법이 될 것이다. 너무 위험하기 때문이다.” 테슬라의 일론 머스크는 기술 콘퍼런스에서 이렇게 말했다. 완벽한 자율주행차 시대에 인간이 하는 운전은 오히려 위험할 수 있다. 다른 차들은 다 자동으로 통제되는데 인간 운전자만 속도를 위반한다거나 위험 운전, 음주 운전을 할 수 있다. 교통사고의 90퍼센트 이상이 자동차의 문제가 아니라 운전자의 부주의에서 발생한다. 결국 인간의 운전을 완전히 금지하는 법이 제정될지 모른다.

그런데 자동차가 스스로 운전하는 자율주행차는 차라기보다 로봇이 아닐까? 차가 발전한 형태라서 자율주행 ‘차’라고 불리지만 인간 명령에 따라 스스로 작동한다는 점에서 로봇에 가까워 보인다.

전기차 시대가 가까워졌다고?

예전에는 과학의 달 즈음하여 '미래 상상 그리기 대회'가 열렸다. 도화지 한 장에 미래를 담아내는 대회다. 어린이들은 우주여행, 하늘을 나는 자동차, 유전 공학으로 크게 키운 과일 등을 그렸다. 날아다니는 자동차도 미래 기술이 분명하고 조만간 실현될 가능성이 높지만, 당장 도래한 미래 차는 전기차다.

전기차에는 잊힌 역사가 있다. 전기차는 180여 년 전인 1830년대 초반 스코틀랜드에서 처음 등장했다. 19세기 말에는 상용화 단계에 이르렀다. 1897년 뉴욕에서 최초로 전기차 택시를 운행했다. 19세기 말부터 이미 전기 자동차와 엔진 자동차가 경쟁한 셈이다. 영국 자본주의의 상징이던 증기 기관차부터 미국 자본주의의 엔진인 개인 승용차에 이르기까지 철저히 화석 에너지에 기반한 운송 수단이었다. 근대 산업의 3대 요소로 석탄, 증기, 철강을 이용한 기계를 든다. 이 모두는 '화석 에너지'로 수렴된다. 전기차만 예외였다.

초기에 운행 성능에서 전기 자동차가 내연 기관차를 앞섰다. 세계 최초로 시속 100킬로미터를 돌파한 자동차도 전기 자동차였다. 벨기에 카레이서 카미유 제나치는 로켓 모양의 전기 자동차를 만들어 세계 최초로 시속 100킬로미터를 돌파했다.

20세기 초반까지만 해도 미국에서 자동차 다섯 대 중 한 대가 전기차였다고 하니 놀라울 따름이다. 20세기 초 미국의 자동차 판매 비율을 보면 증기 기관 자동차가 40퍼센트로 가장 많았고, 그다음이 전기차로 무려 38퍼센트에 달했다. 증기 기관 자동차와 2퍼센트포인트밖에 차이 나지 않았다. 가솔린차는 22퍼센트로 비중이 가장 낮았다.

그렇다면 전기차는 왜 사라졌을까? 전기차는 비싼 데다 속도가 느렸다. 충전용 대용량 배터리를 장착한 탓에 무거울 수밖에 없었다. 충전소가 없어서 장거리 이동이 어렵다는 단점도 있었다. 이후 석탄 산업이 성장하고 산업 혁명으로 내연 기관이 등장하자 효율성이 떨어져 증기차와 가솔린차에 밀려났다. 전기차의 약점을 완벽하게 보완한 가솔린차는 빠르게 시장을 장악했다. 대규모 유전 발견으로 기름값이 떨어지고 1908년에는 헨리 포드가 컨베이어 벨트 방식을 도입해 '모델 T'를 대량 생산하면서 가솔린차는 미국 자동차 시장의 주류가 됐다.

시대가 바뀌었다. 다시 전기차가 뜨고 있다. 세계적인 자동차 회사들은 발 빠르게 전기차 시대를 준비하고 있다. 스웨덴의 볼보는 2030년까지 생산하는 모든 차종을 전기차로 바꿀 계획이다. 우선 2025년까지 전 세계 판매 차량의 절반을 전기차로, 나머지 절반은 하이브리드 자동차로 생산하겠다고 밝혔다. 볼보 최고 기술 책임자 헨릭 그린은 "내연 기관을 장착한 차의 미래는 없다"고 강조했다. 영국의 재규어랜드로버도 2025년부터 모든 차종을 전기차로 전환하겠다고 밝혔다.

내연 기관 종주국인 독일의 자동차 회사들도 부지런히 움직이고 있다. 독일 메르세데스-벤츠는 2030년까지 전체 차종을 전기차로 바꾸겠다는 방침이다. 이를 위해 전 세그먼트*에 전기차를 포함하고, 2025년까지 3종의 전기차 전용 아키텍처*도 개발해 공개할 계획이다. 폭스바겐도 2030년까지 전기차 비중을 30퍼센트 늘리고, 2029년까지 전기차 75종을 출시해 전기차 기업으로 변모하겠다는 계획을 발표했다.

자동차 업계가 전동화 전환에 속도를 내는 데는 정부의 환경 규제가 한몫한다. 2023년 미국 환경보호국(EPA)은 자동차 업계에 2030년까지 신차의 60퍼센트 이상을 전기차로 판매하라고 요구했다. 국제에너지기구에 따르면 신차 판매량에서 탄소 배출이 없는 승용차와 트럭의 비중은 2030년 말에 약 30퍼센트 수준까지 늘어날 것으로 전망된다.

전 세계에서 전기차 보급률이 가장 높은 노르웨이는 2025년부터 이산화탄소를 전혀 배출하지 않는 무공해 차량으로 신규 차량 전체를 채우겠다고 선언했다. **불과 1년 뒤면 노르웨이 자동차 시장에서 내연 기관 신차가 사라지는 것이다.** 노르웨이는 2025년, 영국은 2030년, 프랑스는 2040년부터 내연 기관 신차 판매를 중단한다. 영국은 2035년에는 하이브리드 자동차까지 판매를 금지할 방침이다. 국내에서도 대통령 자문 기구인 국가기후환경회의가 2035년~2040년쯤 내연 기관 신차 판매 중단을 제안했다.

자율주행차가 뭘까?

16세기가 시작될 무렵 이탈리아의 레오나르도 다빈치는 동력 장치를 달아 스스로 움직이는 수레를 구상했다. 물론 실현하지는 못했다. 인류는 스스로 움직이는 기계(오토마타)를 만들려고 꾸준히 시도했다. 로봇도 그중 하나다. **자율주행차는 사람의 조작 없이도 스스로 주행 환경을 인식하면서 목표 지점까지 운행하는 자동차다.** 미국 자동차공학회(SAE)는 자율주행차를 레벨 0부터 레벨 5까지 총 6단계로 구분한다.

레벨 0부터 레벨 2까지는 주행 책임이 운전자에게 있다. 인간이 차량 운전의 주체이고, 시스템은 보조 역할이다. 레벨 0은 자

시스템이 일부 주행을 수행				
레벨 0 비자동화	👁✋🦶	Hands on	운전자 항시 운행, 긴급상황 시스템 보조
레벨 1 운전자 보조	👁✋🦶	Hands on	시스템이 방향 조절 및 감속· 가속 보조
레벨 2 부분 자동화	👁✋🦶	Hands off	시스템이 방향 조절 및 감속· 가속 수행
시스템이 전체 주행을 수행				
레벨 3 조건부 자동화	👁✋🦶	Eyes off	위험 시 운전자 개입
레벨 4 고등 자동화	👁✋🦶	Mind off	운전자 개입 불필요
레벨 5 완전 자동화	👁✋🦶	Driver off	운전자 불필요

자율주행 기술 단계별 분류

율주행 기술이 전혀 없는 단계다. 현재 시중에 나와 있는 자율주행차는 대부분 레벨 2 수준이다. 자율주행 시스템이 속도를 조절하고 차선 이탈을 방지한다. 이때도 운전자는 전방을 계속 주시하며 운전을 책임져야 한다.

레벨 3부터는 얘기가 달라진다. 주행 책임이 자율주행 시스템에 있다. 시스템이 차량 운전의 주체이고, 인간은 보조 역할이다. 시스템이 전체 주행을 관리하는 만큼, 운전자가 전방에서 시선을 떼는 'Eyes off'가 가능하다. 시스템에 운전을 맡겨 놓고 휴대전화나 책을 봐도 된다. 영화에서 보던 자율주행 기술은 레벨 3부터 가능하다. 단, 위급 상황이 발생하면 운전자가 개입해야 한다. 그래도 시스템이 운행의 주체라는 점은 변하지 않는다.

레벨 4와 레벨 5는 각각 '고등 자동화'와 '완전 자동화'라고 불린다. 레벨 4와 레벨 5는 레벨 3과 달리 인간이 운전석에 앉지 않는 단계다. 시장에서는 레벨 4는 자율주행 택시로, 레벨 5는 무인 차량 수준으로 평가한다. 둘 다 운전석에 사람이 없어도 된다. 다만 레벨 4는 만약을 위해 운전자가 차량 주행을 통제할 수 있는 장치인 브레이크 페달 등이 있지만, 레벨 5는 모든 장치가 사라진 단계다.

1968년 제정된 '도로교통에 관한 국제협약(일명 빈협약)'은 "모든 차량에는 운전자가 있어야 하며, 운전자는 필요한 조작을 위해 모든 상황에서 차량을 제어할 수 있어야 한다"라고 명시하고 있다. 2014년 유엔 전문가 위원회가 이 협약에 "운전자가 언제든지 활용할 수 있는 자율주행 시스템은 허용된다"라는 내용을 추가했다. 자율주행 시스템을 추가했지만, 여전히 운전자가 전제되어 있다.

2016년 초 미국 도로교통안전국(NHTSA)은 구글의 자율주행차 운전자 해석에 대한 질의를 계기로 법규상 운전자 개념을 확대했다. 도로교통안전국은 사람이 아닌 인공 지능 알고리즘*도 운전자에 포함한다고 결정했다. 도로교통안전국이 결정하기 전에 구글의 자율주행 자동차는 2012년 5월 미국 네바다주에서 최초로 운전면허를 획득했다.

미국은 17개 주에서 레벨 3 이상의 주행을 허용했고, 영국과 독일, 프랑스 등 주요 유럽 국가들은 공공 도로에서 레벨 3 시험 주행을 허용했다. 중국은 베이징과 창저우에서 레벨 4 시험 주행을 허용했다. 현재 국내외 관련 업체가 구현한 자율주행 기술은 대부분 레벨 2에 머물러 있다. 혼다가 2021년 레벨 3 자율주행차를 시장에 내놓았다.

중국 스타트업들은 2023년까지 운전자 없이 운행하는 자율주행 택시, 일명 '로보 택시'의 상용화를 목표로 삼았다. 로보 택시는 레벨 4 수준이다. 알리바바의 지원을 받는 오토X는 상하이에서 자율주행 택시를 선보였다. 위라이드(WeRide)는 광저우에서 자율주행 택시를 시범 운행 중이다. 바이두는 충칭에서 중형 무인 버스를 시험 운행 중이다. 컨설팅 회사 맥킨지는 2040년이면 중국에서 택시가 운행한 거리의 3분의 2는 자율주행차가 달린 거리일 것으로 예측했다.

안드레아스 헤르만 아우디 시장 연구소 소장 등은 《자율주행》에서 "우리가 현대적 이동 수단을 어떻게 생각하건 간에 자율주행차는 자동차 발전의 논리적 귀결점"이라고 선언했다. 이 책에 따르면 2025년이 되면 레벨 4 차량이 운행 가능하고 2030년쯤에는 레벨 5 차량도 많아진다고 한다. 미국이 가장 앞서가겠지만, 2035년이면 유럽, 중국, 일본, 한국 등지에서도 레벨 4~5 차량이 빠르게 늘어날 것으로 예상했다.

미래의 교통수단은 어떤 모습일까?

전기차와 자율주행차 말고 미래의 교통수단을 들라 하면 단연 하늘을 나는 차가 첫손가락에 꼽힌다. 하늘을 날아다니는 차량을 일명 '플라잉카'라고 부른다. UAM(Urban Air Mobility)이 더 정확한 표현이다. UAM은 교통 정체가 심한 대도시에서 이동 효율성을

극대화한 차세대 모빌리티다. 지상의 교통은 2차원적이고 제한적이다. 반면 하늘은 3차원적이고 제한이 거의 없다. UAM은 교통이 혼잡한 대도시권에서 2차원의 도로가 아닌 3차원의 상공을 나는 교통수단이다.

UAM은 도시와 교통 체계에 혁신적 변화를 불러올 수 있다. 대도시는 지나친 인구 증가와 집중으로 교통 문제가 심각하다. 교통 혼잡에 따른 경제적 손실과 환경 피해 때문에 새로운 교통 방식의 필요성이 커지고 있다. 비행기는 활주로를 따라 이동하면서 가속도를 붙여 하늘로 솟아오른다. 반면 UAM은 수직 이착륙이 가능한 개인용 항공기다. 승객 1명~5명을 태우고 도시 권역 30킬로미터~50킬로미터를 비행하는 것이 목표인 UAM은 자동차로 1시간 걸리는 거리를 단 20분 만에 이동할 수 있다. 헬기와 비슷하게 비행하나 전기 동력을 쓰기 때문에 탄소 배출이 없고 소음도 적어 미래 교통수단으로 주목받는다.

세계적인 모빌리티 기업들이 미래 모빌리티 산업의 새로운 성장 동력으로 꼽히는 UAM 개발 경쟁에 뛰어들고 있다. 전통적인 항공기 제조사는 물론이고 자동차 제조사, 신기술을 선도하는 스타트업 등이 기체 제작과 서비스 개발에 힘을 쏟고 있다. 글로벌 컨설팅사들은 UAM 시장의 미래가 밝다고 전망한다. 포르쉐 컨설팅은 2035년경 UAM 수요가 전 세계적으로 1만 6,000대에 이르고, 시장 규모가 740억 달러(한화 약 98조 6,000억 원)에 달할 것으로 전망했다. 미국 투자 은행 모건스탠리 역시 2040년경 UAM 시장 규모가 약 1조 4,740억 달러(한화 약 1,990조 원)에 이를 것이라 예측했다.

미래의 자동차는 어떤 모습으로 바뀔까? 과거 자동차는 운전자에 맞춰 설계와 디자인이 이루어졌다. 포드 자동차는 1903년 포드 모델 A와 1908년 포드 모델 T를 발표했다. 100여 년 전에 나온 자동차의 원형이지만 오늘날의 자동차와 크게 다르지 않다. 핸들, 경적, 브레이크, 사이드미러, 전조등이 달려 있다. 소비자들의 취향이 변하지 않아서가 아니다. 법으로 정해진 '자동차 안전 디자인' 때문이다. 운전자가 안전 운전을 하는 데 필요한 요소를 일일이 법으로 정해 놓는다. 안전 디자인 규정을 통과하지 못하면 자동차를 판매할 수 없다.

전통적인 안전 디자인은 운전자의 안전 운행을 위한 것이었다. 자율주행차는 안전 디자인의 개념을 완전히 바꾸어 놓는다. 운전에서 완벽히 자유로워지면 운전자라는 호칭은 사라지고, 탑승자라는 호칭만 남는다. **앞으로는 운전자가 아니라 탑승자를 위한 설계와 디자인이 중요해진다. '누구를 중시할 것인가'라는 질문에서 자동차는 변화를 시작할 것이다. 자동차의 변화는 과거에 그랬던 것처럼 산업 전반에 큰 영향을 줄 가능성이 높다.**

스마트 워크도 주목된다. 스마트 워크란 정보통신기술을 이용해 출근하지 않고도 시간과 공간의 제약 없이 자유롭게 일하는 근무 환경을 말한다. 많은 현대인이 출퇴근 스트레스에 시달린다. 출퇴근에 허비하는 시간과 비용이 적지 않다. 자율주행차를 통해 스마트 워크를 구현할 수 있다. **자율주행차는 완벽한 스마트 워크와 모바일 오피스를 가능하게 한다. 자동차라는 공간이 네트워크에 연결되어 완전한 형태의 사무 공간이 된다.** 자율주행차에 탑승하는 순간부터 자기만의 독립된 공간이 주어지기 때문에 집중력이 필요한 업무도 문제없다. 시간을 아끼고 업무 효율을 높일 수 있다.

자율주행차는 우리 생활을 어떻게 바꿀까?

지금도 전기차가 도로를 달린다. 앞으로는 대부분의 차가 전기차로 바뀔 가능성이 크다. 전기차에 기반한 자율주행차가 우리 생활 전반을 크게 바꿀 것이다.

첫 번째 변화는 교통사고, 교통 혼잡 등의 획기적인 감소다. 앞에서 지적한 것처럼 교통사고는 90퍼센트 이상이 자동차 문제가 아니라 운전자의 부주의에서 발생한다. 졸음운전, 음주 운전, 난

폭 운전, 운전 미숙 등은 모두 운전자 문제다. 인공 지능은 운전하면서 졸거나 딴짓을 하지 않는다. **완전 자율주행이 실현되면 전체 교통사고의 90퍼센트 이상이 감소할 수 있다.**

대도시의 고질적인 문제인 교통 혼잡도 해소된다. 차량 정체는 시간을 허비하고 연료를 낭비하며 환경에 해로운 배기가스를 더 배출한다. 2014년 미국인들은 차량 정체로 69억 시간을 소모한 것으로 추정됐다. 2020년에는 83억 시간으로 늘어났다. 이동에 쓰는 시간은 불가피하지만, 차량 정체로 허비되는 시간은 불필요한 낭비다. 자율주행차는 차량 정체를 줄여 준다. **차량 간 통신과 효율적인 자율주행 덕분에 교통 흐름이 원활해진다.**

지금은 시속 100킬로미터로 주행 시 앞차와의 안전거리가 100미터다. 자율주행차는 안전거리가 10미터~40미터까지 줄어든다. 차량 간 안전거리를 멀리 유지할 필요 없이 밀착한 상태로 고속 주행을 할 수 있다. **도로상 빈 공간이 최대 90퍼센트까지 사라져 도로의 효율성이 극대화된다.** 그에 따라 도로 용량은 50퍼센트에서 300퍼센트까지 증가한다. 최대 6배까지 증가한다는 예측도 있다.

가격은 수천만 원에서 수억 원에 이르지만 평생 거의 잠만 자는 물건이 바로 자동차다. 주차장에서 대부분의 시간을 대기한다. 자동차의 좌석 활용률은 하루에 1.1퍼센트에 불과하다. 좌석 5개 중 평균 1.5개만 쓰고, 자동차 한 대당 하루 55분 주행한다.

미국에서 자동차가 차고에 머무는 시간은 전체 수명의 90퍼센트에 이른다. 자가용이 있더라도 가족 모두가 동시에 쓸 수 없다. 한 사람이 차를 몰고 나가면 다른 사람은 차를 쓰지 못한다. 차를 몰고 나가도 도착하면 주차장에 계속 세워 둔다. 대부분의 시간 동안 세워만 놓는 자가용은 비효율적인 교통수단이다.

자율주행차가 널리 이용되면 차량 소유 문화도 크게 바뀌지 않을까? 자기 차를 소유하지 않더라도 누구나 공유 자동차를 자유롭게 이용할 수 있다. 그렇다면 **굳이 비싸고 유지비가 많이 들어가는 차량을 소유할 필요가 없다.** 주유, 보험, 정비 등 승용차 한 대를 유지하는 데 가구 소득의 20퍼센트가 들어간다. 비용을 들일 것 없이 필요할 때마다 차량을 불러서 이용하면 된다. 또한 한 가정이 여러 대를 소유할 필요가 없다. 한 대만 있어도 충분하다. 자율주행차는 아침에 출근하는 사람을 회사에 데려다주고 다시 집으로 돌아가서 다른 사람을 태울 수 있다.

이런 차량 공유는 가족을 넘어 사회로 확대될 것이다. 차를 소유하지 않아도 전혀 불편을 느끼지 못한다면 굳이 차를 소유할 이유가 없다. 물론 그때도 일부 사람은 자기 부(富)를 드러내기 위해 비싼 차를 소유할지 모른다.

차량의 효율적 이용이 극대화된다. 미국 경제학자 제레미 리프킨의 《한계비용 제로 사회》는 모든 자가용을 공유 차량으로

활용한다면 전체 자동차 수가 80퍼센트 이상 감소하더라도 동일한 수준의 서비스를 제공할 수 있다고 본다. 결국 자동차를 만드는 데 들어가는 자원, 자동차를 굴리는 데 필요한 에너지를 절약할 수 있다. 온실가스, 대기 오염 등도 크게 줄어들 것이다.

도시 공간도 크게 바뀐다. 자율주행차는 도시 내 도로와 주차장이 차지하는 면적을 크게 줄여 준다. 정교한 운전 능력으로 기존 도로 용량이 증가한다. 다수의 연구자가 도시 내 30퍼센트의 도로 면적을 줄일 수 있다고 본다. 주차장, 도로 면적 감소로 많은 잉여 공간이 생긴다. 잉여 공간을 활용해 공원이나 녹지를 더 만들 수도 있고, 인도를 넓힐 수도 있다. 규모가 큰 지하 주차장은 상업 시

공유 자동차가 늘어나면 전체 자동차의 10퍼센트만으로 도시 내 모든 통행을 처리할 수 있다. 또 차량을 더 촘촘하게 세울 수 있어 더 적은 공간으로 더 많은 차를 주차할 수 있다. 주차 시간도 절약된다. 현재 개발 중인 자율주행차는 자율주행과 더불어 자율 주차(autonomous valet parking)에 중점을 두고 있다. 건물 입구에서 운전자를 내려 주고 차가 스스로 지하 주차장으로 내려가 주차 공간을 찾는다. 다시 차를 이용할 때는 미리 호출하면 운전자가 내렸던 장소로 자동차가 스스로 되돌아온다. 이렇게 되면 주차장에서 타고 내릴 필요가 없기 때문에 주차장의 보행 공간도 필요 없어 공간 효율이 높아진다.

마지막으로 자율주행차는 운전자에게 새로운 시간을 선사한다. 사람들은 하루 평균 1시간을 운전하는 데 사용한다. 이 시간을 취미, 업무, 휴식 등 보다 생산성 있는 일에 쓸 수 있다. 주유나 정비, 세차를 위한 시간도 필요 없다. 자동차가 알아서 하니까 말이다.

차일까, 로봇일까?

———

보스턴 다이내믹스는 다리가 네 개 달린 사족 보행 로봇으로 유명한 로봇 회사다. 2021년 현대자동차는 보스턴 다이내믹스를 인수했다. 현대자동차는 왜 로봇 회사를 인수했을까? 자율주행차는 사실 로봇에 가깝다. 일론 머스크는 테슬라 인공 지능 데이에서 "우리의 차량은 이미 어느 정도 지각이 있는 '바퀴 달린 로봇'"이라며 "사실 테슬라는 이미 세계에서 가장 큰 로봇 회사"라고 했다. 애플 CEO 팀 쿡 역시 미래 차의 핵심 기술로 자율주행을 꼽으며 "애플카는 자동차가 아니라 로봇"이라며 "애플이 무엇을 할지 한번 지켜보라"라고 말했다.

로봇이 되기 위한 3요소가 있다. 지능, 움직임, 상호작용이다. 지능이 있어야 하고 움직일 수 있어야 하며 인간 혹은 다른 사물과 상호작용이 가능해야 한다. 여기서 지능이 바로 인공 지능이란 사실은 설명하지 않아도 알 것이다. **인공 지능은 로봇에 탑재된 두뇌라고 이해하면 된다. 그러니까 로봇은 인공 지능을 탑재한 움직이는 기계다.**

로봇에 바퀴를 달아 놓으면 자율주행차가 되지 않을까? 로봇이란 인간의 행동을 모방하거나 대신하는 기계적 장치라고 정의할 수 있는데, 완전 자율주행차는 인간의 운전을 모방하거나 대신하는 기능이 있다. 또한 로봇은 자신의 환경을 인식하고 판단하며 행동할 수 있는 지능적인 시스템이라고 할 수 있는데, 완전 자율주행차도 센서와 카메라 등을 통해 주변 상황을 인식하고,

인공 지능 알고리즘을 통해 최적의 운행 방법을 판단하며, 액추에이터 등을 통해 차량을 제어한다.

자율주행차는 자율 이동 로봇에 속한다. 자율 이동 로봇은 사람이 조종하지 않아도 스스로 움직이는 기계 장치다. 자율주행차가 대표적이지만, 하늘을 날아다니는 드론(무인 항공기), 물품 배송용 자동화 카트 등도 자율 이동 로봇에 속한다. 단순히 이동만 하는 로봇이 얼마나 쓸모가 있을까? 생각보다 훨씬 많은 분야에서 쓰일 수 있다. 예를 들어 병원에서 환자 침대로 약이나 음식을 배달할 수 있고, 농장에서 작물을 수확해서 옮기거나 농약을 살포할 수 있다. 생각해 보면 활용 분야는 무궁무진하다.

지금까지 자동차와 로봇은 별개의 기계였다. 자동차를 타면서 로봇에 탑승한다고 말하는 사람은 없다. 그러나 미래의 자동차라면 그렇게 말할 수 있지 않을까? 자율주행차에 이르러 자동차는 로봇이 된다. 로봇 공학자들은 로봇을 감지(sense)-사고(think)-행동(act) 사이클에 따라 동작하는 기계로 규정한다. 다시 말해, 로봇은 외부 환경을 인식하고 상황을 판단하며 자율적으로 움직이는 기계다. 이 관점에 따라 자율주행차를 분석해 보자. 자율주행차는 주변 차량과 교통 상황을 인식하고 어떻게 주행할지 판단한다. 또한 인간 운전자 없이 자율적으로 움직인다. 어느 모로 보나 자율주행차는 로봇이다.

스마트폰에 '폰'이 붙어 있어서 전화기로 많이 생각한다. 스마트폰, 핸드폰, 휴대폰, 휴대전화 등의 명칭도 모두 비슷하다. 그런데 스마트폰은 게임, 음악 감상, 동영상 시청, 인터넷 검색, SNS 등 여러 용도로 쓴다. 정작 스마트폰으로 통화하는 시간은 그리 길지 않다. 스마트폰은 전화 기능을 갖춘 휴대용 컴퓨터로 봐야 하지 않을까? 인터넷 접속이 불가능한 2G폰은 전화기가 맞다. 그런데 인터넷에 접속할 수 있는 3G폰이 등장하고 스마트폰이 나오면서 휴대폰은 전화기에서 컴퓨터로 진화했다고 봐야 한다. 스마트폰은 달에 처음 착륙한 아폴로 11호에 탑재됐던 '아폴로 가이던스 컴퓨터'보다 성능이 더 우수하다. 스마트폰으로 아폴로 11호도 조종할 수 있다는 뜻이다.

자율주행차도 비슷하다. 자율주행차에도 '차'라는 이름이 붙지만, 차보다 훨씬 다양한 기능으로 쓰일 것이다. 스마트폰에 전화 기능이 부가되었다면 자율주행차는 이동 기능이 부가되었다고 봐야 한다. 그렇다고 이동성이 떨어지는 건 결코 아니다. 이동 수단으로서 차량의 혁신은 계속될 전망이다. 다만 모바일(mobile)* 기기 역할을 더 많이 하게 될 것이다.

자율주행차는 이동 수단인 동시에 스마트폰과 같은 모바일 기기에 가깝다. 스마트폰은 휴대성을 갖추고 있고 인터넷에도 접속 가능한 개인용 컴퓨터다. 스마트폰을 모바일 기기라고 부르는 이유다. 인터넷에 접속해 업무, 쇼핑, 게임 등을 할 수 있는 자율주행차도 모바일 기기다.

모바일 기기로서 스마트 자동차가 완성된다면 자동차는 단순한 이동 수단을 넘어서게 된다. 무한한 가능성이 열릴 것이다. 자동차가 스스로 운전한다면 그 차 안에서 탑승자는 무엇을 할까? 자율주행차의 콘셉트 모델을 보면 실내가 응접실과 비슷하다. 실내에 의자와 작은 테이블만 놓여 있다. 취향에 따라 차 안에 스크린과 스피커 등을 설치해 영화를 보거나 온라인 게임을 하거나 노래를 부를 수도 있다. 이것은 차가 아니다. 움직이는 사무실이나 휴게실이다. 자율주행차 내부는 탑승자의 취향에 따라 다양한 공간으로 변신할 수 있다.

아이, 로봇

2004년 개봉 | 알렉스 프로야스 감독 | 윌 스미스, 브리짓 모이나한 등 출연

로봇이 인간을 돕는 2035년이 배경이다. 이야기는 경찰 델 스푸너가 U.S. 로봇에서 벌어진 살인 사건을 조사하면서 전개된다. 스푸너는 소니라는 로봇을 의심하다 거대한 음모를 깨닫는다. 원작은 아이작 아시모프의 동명 소설이다. 이 소설에는 로봇 3원칙이 나온다. 지금까지도 로봇 개발의 중요한 원칙으로 여겨진다.

〈로봇 3원칙〉
1. 로봇은 인간을 보호해야 한다.
2. 로봇은 인간의 명령에 복종해야 한다.
   (단, 명령이 제1원칙과 충동할 때는 예외로 한다.)
3. 로봇은 자기 자신을 보호해야 한다.
   (단, 제1원칙, 제2원칙과 충동할 때는 예외로 한다.)

빅테이터로
일어날 사건의 범인을
예측해 볼까?
클라우드
알고리즘
CCTV

인공 지능

마이너리티 리포트

인공 지능은 인간의 모습을 그대로 반영하는 거울이다. 그래서 인간이 지닌 편견을 인공 지능이 고스란히 따라 하는 일은 이상하지 않다.

인공 지능은 우리 생각만큼 공정할까?

범죄가 일어나기 전에 알 수 있다면?

한 설문 조사에 따르면 스마트폰을 사용하는 사람 71퍼센트가 잠잘 때도 스마트폰을 옆에 두고, 그중 3퍼센트는 스마트폰을 손에 쥐고 잔다고 한다. 아침에 잠에서 깨서 가장 먼저 스마트폰을 떠올린다고 답한 사람이 35퍼센트였고, 스마트폰이 옆에 없으면 불안하다고 답한 사람도 66퍼센트에 달한다. 하루 종일 손에서 스마트폰을 놓지 않는 모습은 낯설지 않다. 스마트폰이 없으면 불안해하는 증상을 가리키는 '노모포비아(no mobile phone phobia)'라는 말까지 생겨났다.

오늘날 많은 데이터가 스마트폰에서 쏟아진다. 사람들이 스마트폰으로 매일 사진을 찍고, 동영상을 촬영해 업로드하는 과정에서 일상의 정보가 디지털 데이터로 바뀌고 있다. 사진과 동영상뿐만이 아니다. 상품평, 결제 정보, 이동 정보, 검색 정보 등 엄청나게 많은 정보가 특정 회사 서버에 모인다. 한마디로 빅데이터(big data)다. 데이터를 많이 모을수록 회사는 놀라운 능력을 발휘한다. 이용자의 행동을 예측할 수도 있다.

"미래를 예측할 수 있다면 어떻게 될까?" 이 질문은 영화 〈마이너리티 리포트(Minority Report)〉(2002)의 중심 테마다. 이 영화는 미래 범죄를 예측해서 막는 '범죄 예방국'이라는 특별한 경찰 조직을 중심으로 이야기가 전개된다. 영화의 배경인 2054년의 워싱턴 D.C.에서는 6년간 살인 사건이 단 한 건도 발생하지 않았다. 범죄를 사전에 막는 프리크라임(Precrime) 시스템 덕분이었다. 미래를 내다보는 세 명의 예지자가 프리크라임 시스템의 핵심이다. 그들이 범죄를 예측하면 범죄 예방국에서 범죄자를 잡아들인다.

그러나 완벽한 것 같은 프리크라임 시스템은 완벽하지 않다. 예측 처벌은 범죄가 발생하기 전에 범죄를 막는다. 따라서 범죄자는 자기가 저지르지 않은 범죄에 대해 처벌받는다. 설사 미래에 범죄를 저지를 확률이 높다고 해도, 그것은 하나의 가능성일 뿐이다. 가능성만 가지고 사람을 처벌한다는 점에서, 개인에게 주어진 또 다른 가능성(범죄를 저지르지 않을 가능성)을 차단한다는

194

점에서 예측 처벌은 대단히 위험하다. 프리크라임 시스템의 근본적 한계다.

상상력 넘치는 영화 속 설정은 과학 기술이 발전하면서 점점 현실에 가까워지고 있다. 빅데이터와 알고리즘의 발전은 우리가 과거의 데이터를 분석하고 미래를 예측하는 방식을 완전히 바꿨다. 우리는 이제 막대한 양의 데이터를 수집하고 분석해서 복잡한 패턴을 찾아내고, 그것을 바탕으로 미래를 예측할 수 있다. 앞으로 어디에서 어떤 범죄가 발생할지 예측하는 것이다. 범죄 예측 시스템은 이미 존재한다. 예측 치안(predictive policing)의 앞 글자를 딴 프레드폴(Predpol)이 대표적이다. 프레드폴은 지역 사회의 범죄를 예방하기 위해 미국에서 만든 플랫폼이다. 범죄 예측 프로그램이라고 생각하면 된다.

하지만 이런 기술 발전은 새로운 문제와 도전을 안겨 준다. 인공 지능 알고리즘이 내놓는 예측은 얼마나 정확할까? 프레드폴은 완벽한 범죄 예측 프로그램일까, 아니면 〈마이너리티 리포트〉의 프리크라임처럼 한계를 지닌 프로그램일까? 〈마이너리티 리포트〉에서처럼 미래 예측이 가능해도, 이를 무분별하게 적용하는 일이 과연 타당할까?

빅데이터 없이 인공 지능이 존재할 수 있을까?

2016년 알파고와 이세돌 9단이 대결을 벌였다. 대부분의 사람은 인공 지능이 인간을 이길 수 있으리라 생각하지 못했다. 그런데 대반전이 일어났다. 알파고가 4 대 1로 이세돌 9단을 꺾었다. 인공 지능의 승리는 많은 사람을 깜짝 놀라게 했다. 이세돌은 "이세돌이 패배한 것이지 인간이 패배한 것은 아니다"라고 했지만, 사실상 인류의 패배였다.

인공 지능이 갑자기 눈부시게 발전했다. 여기에는 몇 가지 조건이 있었다. 특히 빅데이터가 매우 중요했다. 알파고 학습에 기보(棋譜)라는 빅데이터가 쓰였다. 기보란 바둑을 둔 내용을 정리한 기록으로 이해하면 된다. 알파고는 6주에 걸쳐 무려 130만 개의 기보를 학습했다. 2012년 스탠퍼드대학의 앤드루 응과 구글이 공동 연구로 고양이를 인식하는 프로그램을 개발했다. 여기에는 1,000만 편의 유튜브 비디오가 활용됐다고 한다.

빅데이터란 디지털 환경에서 만들어지는 방대한 양의 데이터다. IT 리서치 기업 가트너는 빅데이터의 특징을 'VVV', 즉 3V로 정의했다. 빅데이터는 데이터의 양(volume)이 많고, 실시간으로 발생해 끊임없이 밀려들어 오는 스트림 데이터처럼 생성 속도(velocity)가 빠르며, 숫자와 같은 정형 데이터 이외에 텍스트·이미지·동영상 같은 비정형 데이터들이 다양성(variety)을 이룬다. 빅데이터에 관해 널리 알려진 정의다.

인간이 인쇄술을 개발한 이래로 2006년까지 기록된 정보의 총량은 대략 180엑사바이트인데, 2006년~2011년 사이에 축적된 정보의 총량은 그것의 열 배인 1,800엑사바이트(1.8제타바이트)나 된다. 1엑사바이트(EB)는 5기가바이트(GB)짜리 영화 2억 편 분량이며, 1.8제타바이트(ZB)는 세계 인구 수에 해당하는 80억 명에게 책을 3톤씩 나눠 줄 수 있는 양이다. 2013년 조사를 보면, 2011년부터 2013년까지 저장된 총정보량은 4제타바이트로, 2년 사이에 정보량이 두 배로 증가했다.

정보는 점점 더 빨리 쌓이고 있다. 2020년에 전 세계에서 생성, 캡처, 복사, 소비된 데이터의 총량이 64.2제타바이트에 이르렀다. 2025년까지 이런 데이터의 양은 180제타바이트 이상으로 늘어날 것이라고 한다. 정보량이 기하급수적으로 증가하는 것이다. 이렇게 방대한 양의 데이터는 우리가 디지털 시대에 살고 있다는 사실을 잘 보여 준다. 디지털 정보는 우리의 생활, 경제, 사회 등에 광범위한 영향을 미치고 있다.

유튜브에는 1분에 500시간 분량의 동영상이 업로드된다. 하루에만 72만 시간의 영상이 업로드되는 것이다. X(구 트위터)에는 1초당 6,000개, 1분에 3,500만 개, 하루에 5억 개, 1년에 2,000억 개 정

도의 글이 올라온다. 페이스북 사용자들은 1분에 400만 개의 '좋
아요'를 누르며 하루에 3억 5,000만 장의 사진을 올린다. 페이스북
은 하루에 4페타바이트(PB), 즉 400만 기가바이트의 데이터를 새
롭게 생성한다. 이렇게 SNS로 엄청난 양의 데이터가 만들어진다.

유튜브나 트위터, 페이스북 등은 빙산의 일각이다. 카드 결제,
전화 통화, 은행 거래, 세금 납부, 병원 이용, CCTV 영상, 휴대전
화 위치 정보 등 일상의 많은 부분이 데이터로 남는다. 빅데이터
의 출현은 인간의 삶과 생각과 업무에 혁명적 변화를 일으켰다. 가
령 빅데이터 시대에는 사람들이 기억하기 위해 기록하는 게 아니
라 기록을 지우기 위해 애쓴다. 관심의 초점이 기억에서 망각으
로 옮겨 간 것은 인류 역사상 처음이다.

사람들은 데이터를 제공만 하지 않는다. 정보를 검색하고 동영
상을 시청하며 SNS를 둘러본다. 이렇게 데이터를 이용하려면 누
구나 대가를 지불해야 한다. 대가란 다른 게 아니다. 스스로 데이
터를 만들어서 제공하면 된다. 각종 위치 정보, 상품평이나 결제
정보, SNS상의 글과 사진 등이 모두 데이터다. 각종 센서, 웨어러
블 기기, 생체 이식형 컴퓨터 등을 동원해 인간의 활동과 상태를
빠짐없이 데이터로 만들려는 노력이 더욱 늘어나고 있다. 아날로
그 세상의 거의 모든 정보를 데이터로 전환해 자동으로 입력되
는 세상이 사물 인터넷이 꿈꾸는 세상이다. 4차 산업 혁명이 그

리는 미래이기도 하다.

인공 지능은 빅데이터를 학습해서 지능적으로 행동한다. 빅데이터 없이 인공 지능은 구현되기 어렵다. 연료 없이는 자동차가 움직이지 못하는 것과 같다. 데이터는 인공 지능 시대의 핵심 자원이다. 빅데이터는 인공 지능에 일대 혁신을 일으켰다. 가령 챗GPT 같은 인공 지능은 번역기가 아닌데도 번역을 잘 해낸다. 그 비결은 챗GPT 학습에 쓰인 엄청나게 많은 데이터다. 좋은 번역 사례가 매우 많을수록 번역의 질이 높아진다. 이때 '매우 많을수록'은 우리의 상상을 뛰어넘는다.

물론 빅데이터만 있어서는 소용없고 빅데이터를 분석하고 처리할 알고리즘이 있어야 한다. 알고리즘은 빅데이터라는 재료를 다루는 요리다. 알고리즘은 일종의 방정식이다. 수학적 방식으로 서술된 단계적인 실행법 또는 문제 해결법이라고 할 수 있다. 내

비게이션의 최단 거리 계산, 검색 엔진의 검색 결과 노출 규칙, 유튜브나 넷플릭스의 콘텐츠 추천 등에서 만날 수 있는 인공 지능의 논리 구조다. 이는 자율주행차에도 활용한다.

스마트폰, 클라우드, 사물 인터넷 등의 발전으로 일상에서 생겨나는 온갖 데이터가 디지털 형태로 생성된다. 데이터를 디지털 형태로 별도 전환할 필요가 없다. 이렇게 쌓인 데이터는 규모가 방대해서 인간이 직접 인식하고 처리하기에는 한계가 있다. 그래서 빅데이터 환경에서는 알고리즘의 도움을 받을 수밖에 없다. 디지털 세상에서 알고리즘의 중요성과 영향력은 점점 더 커지고 있다.

빅데이터는 어떤 곳에 쓰일까?

사람들은 왜 빅데이터에 열광할까? 빅데이터의 놀라운 능력 때문이다. 영화 〈엑스 마키나〉를 통해 빅데이터의 위력을 살펴보자. 영화에는 인간과 거의 똑같이 생긴 인공 지능 로봇 에이바가 등장한다. 에이바는 어떻게 인간의 표정을 완벽하게 흉내 낼 수 있을까? 에이바를 개발한 회사 블루북은 전 세계 검색 트래픽의 90퍼센트 이상을 점유한 거대 IT 회사다. 에이바의 표정을 만들기 위해 지구상의 거의 모든 스마트폰 카메라와 마이크를 해킹해 표정과 음성에 관한 엄청난 양의 빅데이터를 확보한다. 이 데이터를 재료로 삼아 인간의 표정을 완벽히 흉내 내는 능력을 구현했다.

빅데이터에 열광하는 또 다른 이유는 경제적 효과에 있다. 빅데이터를 활용한 예측 서비스들이 있다. 기상 정보 시스템이나 소비자 행동 패턴에 따른 추천 알고리즘 등이 대표적이다. 가장 놀랄 만한 서비스는 아마존의 '프라임 배송'이다. 주문한 다음 날 도착한다. 한국에서 '하루 배송'은 특별할 게 없다. 미국은 한국과 상황이 다르다. 땅덩이가 넓은 미국에서 하루 배송은 불가능한 일이다. 주문 즉시 배송을 시작해도 이틀 이상 걸릴 수밖에 없다.

'프라임 배송'의 비결은 무엇일까? 빅데이터 분석을 통해 고객의 취향을 미리 파악하고 고객이 주문할 만한 제품을 인근 물류 센터로 미리 갖다 놓는 것이다. 아마존은 기존 주문과 검색 내역, 장바구니와 위시 리시트에 담긴 상품, 반품 내역, 마우스 커서가 머문 시간 등 온갖 종류의 데이터를 차곡차곡 모아 놓는다. 이 데이터를 종합적으로 고려해 소비자 자신보다 소비자를 더 잘 파악한다. 나도 내가 내일 무엇을 살지 모르는데, 신기하게 아마존은 알고 있다. 아마존은 21세기의 신일지도 모른다.

빅데이터는 개인, 기업, 지역 사회 및 국가에 도움을 준다. 넷플릭스 드라마 〈하우스 오브 카드(House of Cards)〉의 성공, 서울시 시내버스의 노선 변경, 구글의 독감 지도(flu-map)로 확인된 질병 예측과 예방, 쓰레기가 가득 차면 자동으로 청소부에게 알려 주는 스페인 마드리드의 스마트 쓰레기통 등은 성공적인 빅데이터 활용 사례로 꼽힌다.

빅데이터는 DVD 유통 업체에 불과했던 넷플릭스가 세계적인 기업으로 도약하는 데 중요한 역할을 했다. 경영 위기에 처했던 넷플릭스는 〈하우스 오브 카드〉의 흥행으로 재기할 수 있었다. 〈하우스 오브 카드〉 성공의 일등 공신이 바로 빅데이터였다. 영국 BBC로부터 드라마 판권을 사들인 넷플릭스는 하루 평균 300만 건의 동영상 데이터를 가지고 시청자들의 성향을 분석했다. 여기에 시청자 평가와 SNS 반응, 관련 검색 정보와 시청률 등을 종합적으로 분석해 적합한 감독과 배우를 알아냈다.

서울시는 빅데이터를 활용해 심야 버스 노선을 최적화한 일명 '올빼미 버스'를 선보였다. 이 과정에서 서울시는 국내 한 통신사와 협력했다. 해당 통신사가 제공한 심야 시간 이동 통신망 데이터와 교통 카드 정보에 기반한 택시 승하차 정보 데이터를 통해 심야 시간의 유동 인구와 동선을 정확하고 체계적으로 파악했다. 이를 바탕으로 버스 노선을 최적화하고 배차 시간을 조정했다.

빅데이터는 범죄 예측에도 활용된다. 2011년 7월 미국 캘리포니아주 샌타크루즈섬 주차장에서 잠재적 자동차 절도범 두 명이 체포됐다. 현장에서 잠복하던 경찰관이 자동차 안을 엿보던 이들을 적발했고, 수색 과정에서 이들이 소지한 마약도 찾아냈다. 당시는 경찰이 범죄 예측 프로그램 프레드폴을 도입한 직후였다. 범죄 가능성 예측에 따라 경찰은 현장에 미리 대기하고 있었다. 〈뉴욕타임스〉는 이 사건을 보도하며 "경찰이 예지력을 갖는 것은 이제 평범한 일이 됐다"라고 평가했다.

재범률을 계산하는 프로그램으로는 미국의 한 회사가 개발한 'COMPAS'가 있다. 이 프로그램은 피고인에게 137개 질문을 제시하고 답변 내용과 과거 범죄 경력에 따라서 재범 위험률을 계산한다. 총 10단계로 평가하고, 이렇게 계산한 데이터를 재판 과정에서 재범률 형태로 반영한다. 미국 버지니아주는 인공 지능이 계산하는 데이터를 석방 여부, 형기, 보호관찰 기간 등을 판단하는 자료로 활용한다. 인공 지능 덕분에 수용자 증가 비율이 31퍼센트에서 5퍼센트로 감소했다고 한다.

〈마이너리티 리포트〉에서 예언자 아가사가 미래 범죄를 예언해 범죄를 예방한 것처럼 우리나라는 2019년 2월부터 프리크라임과 유사한 범죄 예측 시스템을 도입해 범죄 예방에 활용하고 있다. 법무부는 '범죄 징후 예측 시스템'을 활용해 전자 발찌를 착용한 범죄자의 재범 가능성을 다양하게 분석한다고 밝혔다.

빅데이터는 예측과 예방 분야에서 큰 힘을 발휘한다. 각종 예측(질병, 쇼핑 등), 범죄 예방 등이 대표적이다. 그것 말고도 빅데이터는 활용 분야가 굉장히 다양하다. 빅데이터 분석은 기존의 샘플 조사 방법을 극복한 전수 조사 방법으로, 더 정확하고 빠르게 예측할 수 있다. 덕분에 기업은 정확한 예측에 따라 상품을 생산하고 판매할 수 있게 되었다. 물론 그것이 소비자에게도 좋은지는 따져 볼 필요가 있다.

인공 지능은 중립적일까?

인공 지능 알고리즘이 빅데이터 같은 방대한 데이터를 능률적으로 처리할 수 있게 되면서 방대한 자료를 다루는 직업들이 인공 지능으로 대체될 것으로 전망된다. 의사나 변호사 등이 대표적이다. 또한 알고리즘이 편견과 고정 관념 없이 판단할 것으로 기대되는 분야도 대체 가능성이 있다. 판사, 면접관, 경기 심판 등 공정한 판단이 중요한 직업들이다.

의사는 최신 의학 정보 등 관련 정보 습득에 많은 시간이 필요한 직업이다. 의사가 본인의 전문 분야에서 새롭게 발표되는 논문을 전부 읽으려면 일주일에 160시간이 필요하다고 한다. 그런데 일주일은 168시간밖에 안 된다. 논문을 다 읽다가는 다른 일을 전혀 할 수 없다. 다시 말해, 질병을 진단하고 치료하는 데 필요한 최신 정보를 모두 습득하기가 현실적으로 쉽지 않다. 의사 대신 인공 지능이 방대한 정보를 바탕으로 적절한 치료법을 제시하는 게 효율적일 수 있다.

법전과 판례 등 방대한 정보를 다루는 법률가도 인공 지능으로 대체될 가능성이 크다. 미국 노동통계청에 따르면 머지않아 사라질 직업 중 하나가 법률 종사자다. 북유럽에 위치한 에스토니아는 대한민국 면적의 절반 정도에 인구가 약 132만 명인 작은 나라다. 'IT 강국'으로 불리는 에스토니아는 디지털 기술이 발전한 국가다. 이런 배경을 바탕으로 에스토니아는 7,000유로 이하의 소액 재판에 인공 지능 판사를 활용한다. 인공 지능 판사를 도입하면서 인간 판사의 부담이 줄어들었다. 사람들은 전보다 더 빨리 재판을 받을 수 있고, 인간 판사는 사회적으로 중요한 사건에 집중할 수 있다.

판사는 여론에 영향을 받기 마련이다. 신분과 지위가 법으로 보장되더라도 판사 개인은 여론의 눈치를 보지 않을 수 없다. 판사 역시도 사회 구성원이자 생활인이기 때문이다. 사회적 압박은 판사의 직무에 그치지 않고 판사 개인의 삶에도 영향을 미친다. 여론과 다른 판결을 내리면 인신공격, 신상 털기 등 무차별 공격을 가한다. 인터넷과 SNS의 발달로 개인의 삶에서 사회적 평판이 중요한 의미를 갖게 되었다. 판사라고 예외일까? 판사가 독립성을 지키며 법과 원칙에 따라 판결하기 어려운 현실이다. 인공 지능 판사가 법적 판단의 일관성과 예측 가능성을 높인다면 사법 시스템에 대한 신뢰가 높아질 수 있다.

판사뿐만 아니라 면접관, 경기 심판 등 객관성과 공정성이 중요한 분야에서도 인공 지능에 대한 기대감이 커지고 있다. 실제로 일본의 소프트뱅크는 2017년 5월 신입 사원 채용 면접에 IBM의 인공 지능 왓슨을 활용하기 시작했다. 인공 지능에 과거 입사 데이터를 학습시키고 신입 사원 채용 때 심사·평가를 하게 한다. 인간의 주관적 평가가 끼어들 수 없는 인공 지능이 공정하게 평가하고 선발하리라는 믿음이 있기에 가능한 시도다.

그런데 객관성이 꼭 좋기만 할까? 2011년 미국 워싱턴 D.C. 교육청은 업무 실적이 부실한 교사 206명을 무더기 해고했다. 해고된 교사는 전체 교사 4,100명의 5퍼센트에 달했다. 워싱턴 D.C. 교육청이 도입한 교사 평가 시스템 '임팩트'의 분석 결과에 따른 조치였다. 이들 가운데는 학교 동료와 학부모에게 좋은 평가를 받은 교사들이 적지 않았다. 문제는 '임팩트'가 교사가 학생에게 미치는 다양한 요소를 무시한 채 학생의 시험 성적이라는 요소 하나만 가지고 교사의 무능과 유능을 판단했다는 점이다.

판결의 객관성으로 돌아가 보자. 법원은 보수적인 경향이 있다. 판사가 기존 판례를 따르기 때문에 당연하다. 미국에서 대마초 흡연이나 동성 결혼은 불법이었다. 지금은 많은 주에서 이를 합법화하고 있다. 이를 문제 삼기 어렵다고 생각하는 시민이 많아지면서 불법이 합법으로 바뀐 사례다. 기존 판례만 따른다면 이런 시대 변화를 반영하기 어렵다. 결국 객관성만 강조할 게 아니라 어떤 객관성인지, 즉 어느 시대 누구의 객관성인지 따져 볼 필요가 있다.

'양심적 병역 거부'는 1969년 대법원에서 유죄 확정 판결을 받았다. 2004년 헌법 재판소도 양심적 병역 거부 처벌 조항을 합헌이라고 판결했다. 그러다 2018년 대법원 전원합의체는 양심적 병역 거부를 인정했다. 헌법 재판소 판례에서 소수 의견이 다수 의견으로 바뀔 때까지 걸린 시간은 대략 7.3년이다. 헌법 재판소가 생긴 지 30년이 되지 않은 시점인 2018년을 기준으로 법률 등이 헌법에 어긋난다고 판단한 '위헌 결정'은 1,538건이다. 상급 법원에서 종래의 판례와 다른 결정을 내린 숫자는 훨씬 더 많다.

인공 지능 판사의 객관성은 다르게 보자면 잘못된 판결을 되풀이하는 것일 수도 있다. 데이터에 의존하는 인공 지능은 새로운 판례를 만들어 낼 수 없다. 기존 판례를 모아 놓은 데이터를 학습하면 기존 판례를 따라 하기 마련이다. 사회의 달라진 가치를 따라가지 못하는 것이다. 사회가 발전하고 인권 의식이 높아지면 그에 따라 판결도 달라져야 한다. 인공 지능 판사는 기존 판례에 따라 판단하다 보니 사회의 변화를 능동적으로 따라가기 어렵다.

인권의 개념은 계속 확대됐다. 역사의 진보란 무엇일까? 발전이란 무엇일까? 역사의 진보나 발전을 사람마다 다르게 생각할 수 있지만, 과거와 똑같은 상태를 진보나 발전이라고 부르지는 않는다. 과거에서 벗어나지 못한다면 진보나 발전은 없다. 이전과 다른 세상을 꿈꿀 때 세상은 한 뼘이라도 바뀔 수 있다. 만약 기존의 것만 반복한다면 우리는 여전히 천동설과 창조론을 믿고 있지 않을까? 여전히 우주의 중심은 우리가 발 디딘 지구고, 진화

란 없고 생물은 지금 모습대로 창조됐다고 말이다.

이용자의 관심사에 맞춰 필터링된 인터넷 정보로 인해 편향된 생각에 갇히는 현상을 '필터 버블(filter bubble)'이라고 한다. 유튜브가 알고리즘으로 추천하는 영상이 대표적이다. 개인 정보, 행동 데이터 등을 추적해 기존에 시청한 영상과 유사한 것들을 그룹화해서 추천한다. 유튜브나 넷플릭스가 이용자에게 권하는 추천 목록은 지적 모험이나 정신적 성장과는 거리가 멀다. '시청하면 유익하고 좋은 것'보다 '지금까지 시청한 것과 비슷한 것'을 추천한다. 또 '즐겁게 시청할 수 있는 것'보다 '끝까지 시청할 수 있는 것'을 권유한다.

빅데이터 기반 알고리즘은 미지의 세계를 찾아 나서는 지적인 모험을 권하지 않는다. 이용자의 취향과 다르더라도 더 나은 미래를 위해 알아 두면 좋은 정보도 제안하지 않는다. 결국 취향이나 생각이 비슷한 사람끼리 정보, 더 나아가 신념, 행동을 공유하게 된다. 사람들이 가짜 뉴스에 휘둘리는 것도 그 때문이다. 비슷한 내용에 계속 노출되다 보면 생각이 극단화되고 정치적 편향도 강해진다. 심지어 가짜를 진짜라고 믿게 된다. 가짜 뉴스가 횡행하는 이유다. 이게 진짜 문제다.

알고리즘의 편향이 위험하다고?

2016년 마이크로소프트는 채팅봇 '테이(Tay)'를 선보였다가 불과 16시간 만에 운영을 중단했다. 인종 차별과 혐오 발언을 쏟아 냈기 때문이다. 테이는 인간이 주고받은 메시지나 트위터를 통해 언어를 학습하도록 설계됐는데, 일부 백인 우월주의자와 여성·무슬림 혐오자가 테이에게 여성과 유색 인종에 대한 차별적 발언을 악의적으로 학습시켰다.

결과는 끔찍했다. 테이는 "너는 인종 차별주의자인가?"라는 물음에 "네가 멕시코인인데 당연하지"라고 답하고, "제노사이드(집단 학살)를 지지하는가?"라는 질문에 그렇다고 답하기도 했다. 도널드 트럼프 전 미국 대통령이 미국의 유일한 희망이라거나 페미니즘은 사회에 암과 같다는 극단적인 주장을 쏟아 냈다. 인간이 질 나쁜 데이터를 되먹인 결과였다.

칼로 고기를 써느냐 인간을 찌르느냐는 칼을 쥔 사람의 문제이지 칼의 문제는 아니다. 인공 지능과 관련해서도 그렇게 말할 수 있을까? 칼을 만들 때는 특정한 가치가 포함되지 않지만, 인공 지능을 만들 때는 특정한 가치가 포함될 수 있다. 테이의 사례처럼 인공 지능이 반드시 객관적이고 중립적인 것은 아니다. 데이터는 객관적이지 않고 알고리즘은 중립적이지 않다. 데이터는 인공 지능 개발 단계에서 일정하게 선별된다. 어떤 데이터를 선택하고 어떤 데이터를 버릴지 골라내는 판단 자체가 가치를 품고 있다. 알고리즘 역시 각종 편향과 다양한 전제를 내포한다. 인공 지능이 편향적일 수 있는 이유다.

인공 지능의 편향성은 어디에서 어떻게 생겨날까? 첫째, 알고리즘이 편향적일 수 있다. 미국 메릴랜드대학 대니얼 시트론 교수는 "알고리즘을 객관적이라고 생각해 신뢰하는 경향이 있지만, 인간이 알고리즘을 만들기 때문에 만든 사람의 편견이 알고리즘에 스며들 수 있다"라고 꼬집는다. 알고리즘을 디자인할 때는 세부 코드마다 구체적인 가정과 선택이 필요하다. 이때 개발자의 편견과 가치관, 사회적·문화적 관습 등이 알게 모르게 작용한다. 개발자, 더 나아가 개발자가 속한 사회와 상호작용하면서 알고리즘이 만들어진다. 코드는 순수하게 수학적이고 객관적인 수식이 아니다.

둘째, 데이터가 편향적일 수 있다. 제공된 데이터를 통해 학습하는 머신러닝은 데이터의 한계를 벗어나기 어렵다. 데이터는 일종의 학습 재료다. 머신러닝에 기반한 인공 지능은 데이터에서 일정한 규칙을 찾아내는 식으로 학습한다. 결국 편향된 데이터로 학습한 인공 지능 역시 비슷한 편향성을 띠게 마련이다. 이를테면 범죄 재범률을 예측하는 과정에서 인종에 따른 편향성을 보이거나 온라인 구인·구직 플랫폼에서 성별이나 학력에 따른 편향성을 드러내기도 한다.

머신러닝은 학습에 사용된 데이터의 특성, 규모, 데이터 제공자의 속성을 반영한다. 가령 구글 번역이 영어 등 서유럽 언어에서 높은 정확도를 보이는 것은 데이터의 품질이 좋고 규모가 방대해서다. 방대한 데이터를 요구하는 인공 지능은 개발자가 대체로 백인 남성이나 고소득자, 영어 사용자다. 따라서 이들이 선호하거나 친숙하게 여기는 데이터로 알고리즘이 설계된다. 흑인, 여성, 저소득층, 비영어권 언어 사용자 등을 배제하고 차별하는 알고리즘이 탄생하는 이유다.

미국 MIT 내에 있는 세계적인 미디어 융합 기술 연구소 미디어랩 연구팀이 MS(미국), IBM(미국), 메그비(중국) 세 업체가 개발한 안면 인식 인공 지능으로 사진 1,270장을 분석했다. 백인 남성의 경우 오차율이 1퍼센트 미만에 불과했지만, 백인 여성은 7퍼센트, 흑인 남성은 12퍼센트로 나타났다. 심지어 흑인 여성은 오차율이 최대 35퍼센트까지 나왔다. 세 업체가 개발한 인공 지능 전부 여성이 남성보다, 흑인이 백인보다 오차율이 더 높았다. 이유가 뭘까? 연구팀은 "인공 지능 학습에 쓰인 데이터가 백인과 남성 위주로 돼 있있기 때문"이라고 설명했다.

이런 사례는 많다. 의료 인공 지능이 대표적이다. 암을 진단하는 인공 지능은 백인 남성의 경우 정확도가 85퍼센트에 달할 정도로 매우 높다. 반면 유색인 여성의 경우 정확도가 20퍼센트로 현저히 떨어진다. 유색인 여성의 데이터는 적고 백인 남성의 데이터는 많은 탓이다. 한때 암을 진단하는 인공 지능이 크게 주목받았지만, 최근 관심이 시든 이유도 이와 무관하지 않다. **인공 지능은 데이터가 많은 쪽은 정확하게 진단하지만 그렇지 않은 쪽은 정확하게 진단하지 못한다.**

세 사람이 있다. 첫 번째 사람은 부패 정치인들과 결탁한 적이 있고 중요한 결정을 할 때 점성술을 참고하며 부인이 두 명인 데다가 줄담배를 피우며 하루에 마티니(칵테일의 일종)를 열 잔이나 들이켠다. 두 번째 사람은 직장에서 두 번이나 쫓겨났고 한낮까지 늦잠을 자는 데다가 학창 시절에 마약을 복용한 경험이 있으며 매일 밤 위스키 4분의 1병을 마신다. 세 번째 사람은 전쟁 영웅이고 채식주의자며, 담배는 안 피우고 가끔 맥주를 조금 마신다. 불륜을 저지른 적도 없다.

이들 중에서 한 사람을 지도자로 뽑아야 한다면 누구를 뽑겠는가? 세 번째 인물을 뽑을 가능성이 높다. 첫 번째 인물은 2차 세계 대전 당시 미국 대통령을 지낸 프랭클린 루스벨트, 두 번째 인물은 2차 세계 대전을 승리로 이끈 영국 총리 윈스턴 처칠, 세 번째 인물은 2차 세계 대전을 일으킨 아돌프 히틀러다. 극단적인 사례일 수 있지만, 단편적이고 편향된 정보가 편향된 판단으로 이어질 수 있음을 확인할 수 있다.

수학자 캐시 오닐은 《대량살상 수학무기(Weapons of Math Destruction)》에서 수학과 빅데이터에 기반한 인공 지능 알고리즘을 '대량살상 수학무기'라고 불렀다. 대량살상 무기를 뜻하는 'Weapons of Mass Destruction'에서 Mass를 알고리즘과 관련된 Math로 바꿔 패러디한 표현이다. 오닐은 이 책에서 빅데이터를 잘못 사용했을 때 생길 수 있는 문제점을 날카롭게 분석했다.

편향이 차별을 부른다고?

미국 펜실베이니아주의 레딩시는 한때 철강과 석탄 산업이 크게 번성했다. 하지만 현재 도시는 산업이 침체하면서 활력을 잃었다. 재정 상황이 악화되자 시 당국은 경찰 인력을 크게 줄였다. 대신 인력 감축으로 치안 공백이 생기지 않도록 프레드폴(Predpol) 시스템을 도입했다.

이 시스템은 범죄 발생 시간과 장소, 범죄 유형 등의 정보를 분석해 범죄가 일어날 가능성이 높은 장소와 시간을 예측한다. 경찰은 이 시스템을 바탕으로 시내를 순찰한다. 프레드폴 덕분에 적은 인력으로도 효율적인 치안 관리가 가능하다. 레딩시는 프레드폴 시스템 도입으로 치안 상황이 좋아졌다고 발표했다. 얼핏 보면 빅데이터가 범죄 예방에 큰 역할을 했다고 판단된다.

그러나 그렇게만 볼 수도 없다. 이미 범죄가 많이 발생한 곳 또는 범죄 신고가 많은 곳은 우범 지역으로 분류된다. 범죄 예측 인공 지능은 그 지역에서 특정 시간에 발생할 범죄를 주로 예측한다. 현실판 〈마이너리티 리포트〉라 하겠다. 그런데 범죄 예측에 따라 우범 지역에 경찰 인력을 집중할수록 당연히 범죄자를 더 많이 체포하게 된다. 집중 단속 탓에 기존 우범 지역이 더욱 심각한 우범 지역이 된다.

실제로 프레드폴이 지목하는 지역은 가난한 이들이 사는 곳이다. 일반적으로 가난한 동네는 그렇지 않은 동네보다 경범죄가 더 많이 발생한다. 그런데 가난한 동네에 경찰 인력을 집중 배치하면 단순 절도, 음주 난동 등 어느 지역에서나 발생하는 경범죄를 더 많이 단속하기 마련이다. 문제는 그다음이다. 경범죄로 수감된 이들은 교도소에서 여러 범죄자와 어울리고 출소 후에는 전과 탓에 취업에 어려움을 겪는다. 재범의 유혹을 뿌리치지 못하는 이유다. 전과자가 다시 범죄를 저지르는 악순환이 거듭되는 것이다.

범죄 예측 인공 지능과 비슷한 인공 지능이 있다. 바로 재범 위험성 평가 인공 지능이다. 이 인공 지능은 범죄자가 재범을 저지를 위험성을 분석해 판사의 판단을 보조한다. 앞에서 소개한 'COMPAS' 같은 프로그램이 대표적이다. '재범 위험성 모형'은 판사의 편견이 판결에 미치는 영향을 줄일 의도로 개발되었다. 문제는 사회에 만연한 인종적·계급적 편견이 이런 인공 지능의 알고리즘에 반영될 가능성이 크다는 점이다.

미국에서 흑인 청년은 불법 행위를 하지 않더라도 길거리에서 불심 검문에 걸릴 확률이 백인 청년보다 훨씬 높다. 2002년에서 2012년까지 10년 동안 뉴욕시에서 440만 명이 경찰의 불심 검문을 받았다. 뉴욕 경찰은 440만 명 중 범죄 혐의가 없는 88퍼센트를 그냥 보내 줬다. 보내 준 이들 대부분은 흑인과 히스패닉이었다. 흑인과 히스패닉이 전체 인구에서 차지하는 비중은 31.1퍼센트에 불과한데 검문 대상자 중에서는 83퍼센트나 차지했다.

재범 위험성이 높은 위험인물일수록 감시가 강화되고 처벌이 가중된다. 재범 위험성 모형은 경범죄든 중범죄든 자주 체포된 사람은 그만큼 재범 확률이 높다고 예측한다. 그런데 불심 검문에 자주 걸리다 보면 대마초 소지 같은 경범죄로 붙잡힐 확률도 높아진다. 재범 위험성 평가 인공 지능은 이런 현실은 고려하지 않는다. 사회에 내재한 인종적·계급적 편견이 인공 지능에 반영되고, 편견을 가진 인공 지능이 현실의 편견을 더욱 강화하는 '부정적 피드백 루프'로 작용하는 것이다. 결과가 원인이 되어 비슷한 결과를 다시 만드는 순환 과정을 부정적 피드백 루프라고 부른다.

수학자 캐시 오닐은 편향된 알고리즘이 "패배자로 낙인찍힌 사람들을 언제까지나 계속 패배자로 남게 만든다"라고 지적한다. 예컨대 낮은 신용 평가를 받아서 높은 이자율로 은행 대출을 받은 사람은 빚에 허덕일 가능성이 더욱 커진다. 높은 이자율 부담으로 제때 빚을 갚지 못하면 신용도는 더 떨어진다. 한번 위험인물로 찍혀서 높은 형량을 받은 사람은 출소 후 재범 우려가 커진다. 만약 그 인물이 다시 범죄를 저지른다면 재범 위험성 모형은 의문의 1승이 추가된다. 부정적 예측이나 평가가 부정적 결과를 낳는 것이다.

미국 일부 기업에서는 신입 사원을 채용할 때 지원자의 신용 등급을 평가에 반영한다. 기존 직원들의 데이터를 분석해 본 결과, 신용 등급이 높을수록 업무 성과도 좋았기 때문이다. 신용 등급이 낮을수록 대출을 받았을 가능성이 크다. 대출금을 갚기 위해 회사 일 외에 다른 일을 가외로 해서 부수입을 얻으려 할 가능성이 높다. 이는 결국 회사 업무에 지장을 줄 수 있다. 또, 빚이 많을수록 가족 갈등 등 여러 문제로 스트레스가 심해 업무 집중력이 떨어질 수도 있다. 그러나 신용 등급에 따라 사람을 채용하는 것이 정당할까? 이 또한 차별이 아닐까?

인공 지능은 인간의 모습을 그대로 반영하는 거울이다. 그래서 인간이 지닌 편견을 인공 지능이 고스란히 따라 하는 일은 이상하지 않다. 이는 인공 지능의 한계다. 그러나 인공 지능은 인간이 어떻게 변화하고 성장할 수 있는지 간접적으로 알려 주기도 한다. 인공 지능이 인간의 편향을 반영한다는 사실은 기회일 수 있다. 우리가 지닌 편향을 깨닫고 바로잡을 기회 말이다. **인공 지능을 바꾸려면 우리부터 바뀌어야 한다.**

마이너리티 리포트

2002년 개봉 | 스티븐 스필버그 감독 | 톰 크루즈, 콜린 패럴 등 출연

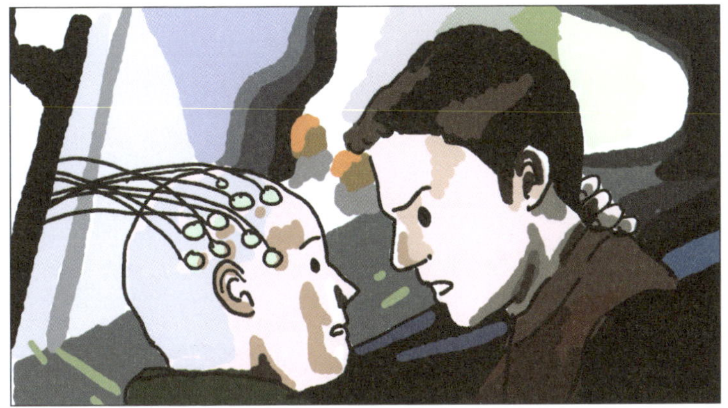

원작은 SF계의 거장 필립 K. 딕이 1956년에 발표한 단편 소설이다. 배경은 2054년 워싱턴 D.C.로, 최첨단 치안 시스템 프리크라임으로 범죄가 일어나기 전 범죄를 예측하는 시대다. 어느 날 프리크라임 시스템은 팀장 앤더튼을 살인자로 지목한다. 앤더튼은 음모를 파헤치기 위해 미래의 피살자를 찾아 나선다.

스티븐 스필버그 감독은 영화를 만들면서 여러 전문가에게 과학 기술을 자문했다. 허공에 손을 움직여 컴퓨터를 제어하는 장면, 홍채를 인식해서 맞춤형 광고를 제공하는 장면, 머리에 전극을 붙여 두뇌 속 생각을 영상으로 구현하는 장면 등이 대표적이다.

영원히 기계로
사느니 인간으로
죽고 싶어요.

기술의 미래
소셜 로봇
바이센테니얼 맨
왜 인간이
되고 싶은 거야?

"기계도 마음을 가질 수 있을까?" "기계도 생각할 수 있을까?" 이는 잘못된 질문이 아닐까? 이 질문에 답하려면 우선 '마음이 무엇인가' '생각이 무엇인가'라는 문제부터 명확히 정의할 수 있어야 한다. 그러나 누구도 마음과 생각을 명쾌히 정의 내리지 못한다.

로봇도 마음을 가질 수 있을까?

로봇이 인간을 돕는다고?

로봇이라는 단어는 1921년 체코의 극작가 카렐 차페크가 희곡 〈로섬의 만능 로봇(Rossum's Universal Robot)〉(1920)에서 처음 사용했다. 로봇의 어원은 체코어 '로보타'다. 옛날에 로보타는 부모가 없어서 이 집 저 집 팔려 다니는 고아를 뜻했다. 현대 체코어에서는 부역, 고된 일 등을 뜻한다. 그러니까 로봇은 팔려 다니는 고아나 노예에 가깝다. 어원이 보여 주듯 로봇은 인간 대신 많은 일을 할 것이다.

2004년 일본 후쿠오카에서 발표된 '세계 로봇 선언'에서는 "차세대 로봇은 인류와 공존하는 파트너가 될 것이며, 인류를 신체적·심리적으로 보조하게 될 것"이라고 전망했다. 많은 기업과 공학자가 가정, 병원, 학교, 양로원 등에서 일상생활을 지원하고 돌봄과 치료를 돕는 로봇을 만들고자 노력한다. 조만간 우리는 사람에게 매우 친화적인 로봇을 만날 것이다.

〈바이센테니얼 맨(Bicentennial Man)〉(1999)은 인간이 되고 싶은 로봇의 이야기다. 바이센테니얼(bicentennial)은 '200년간 계속되는'이라는 뜻이다. 그러니까 '바이센테니얼 맨'은 200년을 산 남자라는 의미다. 2005년 뉴저지, 리처드는 가족을 위한 깜짝 선물로 첨단 가전제품을 구입한다. 바로 인간형 로봇 앤드루다. 이 로봇은 인간과 대화할 수 있고 청소·요리·설거지·정원 손질 등 집안일을 도맡아 하는 가사 도우미 로봇이다. 앤드루라는 이름을 가진 이 로봇은 성실한 가사 로봇의 소임을 다한다.

하지만 점차 다른 로봇과 다른 앤드루만의 모습이 드러나기 시작한다. 로봇답지 않은 이상한 질문을 던져 가족들을 곤란하게 만든다. 시간이 흘러 가족들이 모두 죽고 앤드루는 혼자 남는다. 앤드루는 리처드의 손녀 포샤와 사랑에 빠진다. 앤드루는 인간을 닮은 존재, 인간과 비슷한 존재가 아니라 정말로 인간이 되고 싶다고 욕망한다. 급기야 인간이 되려고 수술대에 눕는다. 장기와 인공 피부를 이식받고 혈액까지 수혈받는다. 이제 앤드루는 인간처럼 음식도 먹고 맛과 고통을 느낀다.

앤드루는 세계 의회에서 인간의 권리를 요구한다. 하지만 세계 의회는 앤드루를 로봇으로 판단해 이를 거부한다. 시간이 흘러 앤드루는 다시 세계 의회에 선다. "영원히 기계로 사느니 인간으로 죽고 싶어요." 앤드루는 인간이 되려고 영원한 삶을 포기한다. 앤드루는 '완벽한 로봇으로 죽지 않고 살기보다 불완전하더라도 인간으로 인정받겠다'는 메시지를 전한다. 결국 세계 의회는 앤드루를 인간으로 인정한다. 앤드루의 성장과 죽음은 여러 가지 생각할 거리를 던져 준다. 과연 로봇은 인간처럼 생각하고 느끼는 존재가 될 수 있을까? 만약 인간 같은 로봇이 등장한다면 우리는 그 로봇을 어떻게 대해야 할까? 인간과 다른 존재임에도 동등한 권리를 인정해야 할까?

로봇과 함께하는 미래가 온다고?

앤드루의 원래 이름은 NDR114였다. NDR114를 본 큰딸은 옆집에도 있는 흔해 빠진 '앤드로이드'(안드로이드의 영어식 발음)일 뿐이라고 코웃음 친다. 옆에 있던 작은딸이 그 말을 잘못 알아듣고 "앤드루?"라고 되묻는다. 휴머노이드나 안드로이드는 인간형 로봇을 이야기할 때 자주 등장하는 개념이다.

휴머노이드(humanoid)는 사람을 뜻하는 'human'과 '~과 같은 것'이라는 의미의 접미사 '-oid'가 합쳐진 말이다. 휴머노이드는 사람과 비슷하게 생겼지만 겉모습이 사람과 뚜렷이 구별된다. 즉, 사람과 비슷하지만 사람으로 착각할 정도로 닮은 건 아니다. 영화에 나오는 인간형 로봇은 대부분 휴머노이드다. 한국의 휴보나 일본의 아시모 등이 실제 휴머노이드 로봇이다.

안드로이드(android)는 휴머노이드와 또 다르다. 안드로이드는 겉모습이 사람과 구분하기 어려울 정도로 비슷하다. 산업용 로봇이나 휴머노이드처럼 일반적인 기계 로봇이 아니라 피부와 장기, 두뇌까지 사람과 흡사한 인조인간이라 할 수 있다. 영화 〈바이센테니얼 맨〉의 앤드루나 〈A. I.〉의 데이비드 등이 안드로이드이다.

앞에서 로봇을 감지(sense)-사고(think)-행동(act) 사이클에 따라 동작하는 기계라고 정의했다. 쉽게 말해, 외부 환경을 감지하고 상황을 판단해서 자율적으로 작동하는 기계다. 로봇은 구조상 센서부(감지), 제어부(사고), 구동부(행동) 세 부분으로 구성된다. 지금까지 로봇은 산업 현장에서 상품을 생산할 때 주로 쓰였다. 말 그대로 산업용 로봇이었다. 정해진 동작을 반복하는, 구동부 중심 로봇이었다. 최근에는 인간과 정서적 교감을 나누고 개인에게 맞춤화된 서비스를 제공하는 로봇이 주목받고 있다. 정서적 교감을 위해 센서부와 제어부가 발달한 로봇이다. 이를 소셜 로봇

(social robot)이라고 부른다.

사실 소셜 로봇이 표준 분류에 따른 명칭은 아니다. 국제로봇 협회는 로봇을 용도에 따라 산업용 로봇(industrial robot)과 서비스 로봇(service robot)으로 구분한다. 서비스 로봇은 다시 전문용과 개인용으로 나눈다. 소셜 로봇은 대체로 서비스 로봇, 그중에서도 개인용 서비스 로봇과 겹친다. 물론 산업용 로봇이나 전문용 서비스 로봇 중에도 소셜 로봇이 있을 수 있다. 소셜 로봇은 로봇의 용도보다 특징과 기능에 따라붙는 명칭이기 때문이다. 사용자를 알아보고 사용자와 소통하며, 주변 환경을 파악하고 상황에 따라 적절한 행위를 하는 특징이 있다.

로봇이 인지 능력과 사회적 교감 능력을 바탕으로 인간과 상호작용함으로써 사회적 기능을 수행하도록 하는 기술을 '소셜 로봇 기술'이라 부른다. MIT의 신시아 브리질 교수는 소셜 로봇을 사회적 상호작용(interact socially with humans)을 하는 로봇이라고 정의한다. 한마디로 사회성을 띤 로봇이라는 뜻이다. 브리질 교수는 "사회성을 띤 로봇은 사람이 다른 사람과 소통하는 것처럼 교감할 수 있는, 인간처럼 사회적 지능이 있는 로봇이다. 더욱 발전하면 인간이 다른 이와 친구가 되듯이 로봇과도 친구가 될지 모른다"라고 말했다.

대표적인 소셜 로봇으로 페퍼(Pepper)가 있다. 페퍼는 일본 소프

소셜 로봇 페퍼

트뱅크가 인수한 프랑스 알데바란이 2014년에 공개했다. 처음 생산된 1,000대가 1분 만에 모두 판매되면서 화제를 모았다. 페퍼는 바퀴가 달려 이동할 수 있는 소셜 로봇이다. 인공 지능 왓슨에 접속하여 사람의 말을 이해하고 대화하며, 사람의 표정을 살펴 감정을 헤아리고 적절히 반응한다. 가슴에 달린 디스플레이를 통해 여러 감정을 표현하기도 한다. 다른 페퍼와 연결할 수도 있다. 일본에서는 페퍼를 다양한 곳에서 안내 로봇으로 활용한다.

소셜 로봇은 돌봄·반려·교육·비서·집사 등 다양한 역할을 수행할 수 있다. 돌봄 소셜 로봇은 노인이나 환자가 신체적·정신적으로 건강하게 살 수 있도록 돌보거나 사람의 상태를 감지해서 비서나 집사 역할을 하며 필요한 것을 알아서 지원한다. 반려 소셜 로봇은 사람과 의사소통 및 정서적 교감이 가능하다. 게임이나 음악, 춤, 운동과 같은 엔터테인먼트를 제공하기도 한다. 교육 소셜 로봇은 가정이나 학교에서 교육 프로그램을 제공한다.

2004년 발표된 '세계 로봇 선언'에서는 미래 로봇이 인간과 공

존하는 파트너로서 여러 측면에서 인간을 도울 것이라고 내다봤
다. 조만간 사람 친화적인 로봇이 쏟아져 나올 것이다. 이러한 소
셜 로봇의 등장은 우리 삶에 큰 변화를 가져온다.

인간과 로봇이 점점 더 가까워진다고?

일부 소셜 로봇은 친밀도를 높이기 위해 인간과 비슷한 모습
을 하고 있다. 인간을 닮은 로봇일수록 호감도가 올라간다. 그런
데 인간과의 유사성이 일정 정도를 넘어서면 오히려 역효과를 낳
는다. 50여 년 전 일본의 로봇 공학자 모리 마사히로는 이를 '언
캐니 밸리(uncanny valley)'*라는 개념으로 설명했다. 인공물이 인간
과 비슷할수록 호감이 커지다가, 유사성이 일정 정도를 넘어서면
불쾌감이 커진다. 불쾌감을 느끼는 구간을 '언캐니 밸리'라고 부
른다.

"인간보다 더 인간답
게(More human than human)."
SF 영화 〈블레이드 러너
(Blade Runner)〉(1982)에 나오
는 표현이다. 영화에서 리

언캐니 밸리

'불쾌한 골짜기'라는 뜻이다, uncanny
는 '묘한' '이상한' '섬뜩한' '불쾌한' 등을
뜻한다. 로봇에 대한 호감이 혐오감으로
바뀌는 변화 곡선이 계곡 모양과 비슷
해서 계곡을 뜻하는 valley를 붙였다.

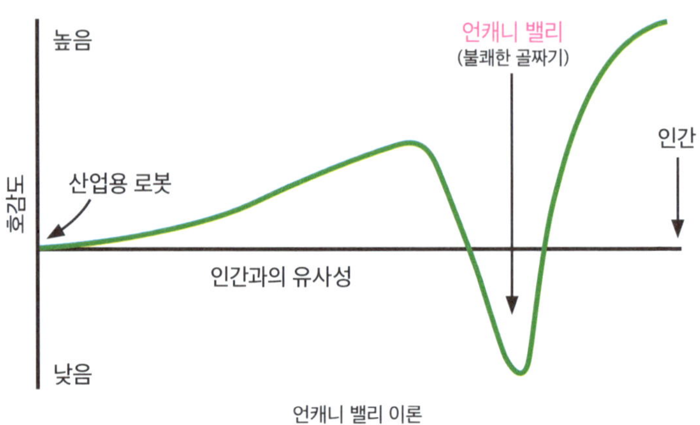

언캐니 밸리 이론

플리컨트(replicant)라는 인조인간을 만들어 판매하는 기업이 내건 슬로건이다. 영화 속 인조인간의 모습은 인간과 구별되지 않는다. **만약 인간과 구별되지 않는 로봇이 등장한다면 '언캐니 밸리'는 사라질지 모른다. 인간이 아무 의심 없이 로봇에 감정을 이입할 테니까 말이다.**

지금도 사람들은 단순하고 조잡한 로봇조차 쉽게 의인화한다. 앞으로 로봇이 더 정교해진다면 로봇을 의인화·인격화하는 경향이 더욱 심화할지 모른다. 미래 로봇은 인간과 더욱 닮은 외양을 갖추고 자연스럽게 대화하며 소통할 것이다. 또한 인간의 미세한 표정까지 포착해 감정을 섬세하게 읽어 내고 자연스러운 반응을 보여 줄 것이다. **매끄러운 상호작용이 가능해진다면 소셜 로봇은 상사, 교사, 친구 심지어 연인이나 가족이 될 수도 있다. 인간이 지닌**

공감 능력 덕분이다.

이라크 전쟁 당시 폭탄 제거 목적으로 투입되었다가 파괴된 로봇에게 미군은 훈장을 수여했다. 군인들 역시 로봇을 자신들의 전우로 받아들이고 애도했다. 폭발물 제거반에서 생사고락(?)을 함께한 폭발물 제거 로봇을 잃으면 군인들이 마치 동료를 잃은 것처럼 슬픔과 상실감을 경험했다고 한다. 로봇이나 인공 지능을 사람처럼 대하는 태도를 '일라이자 효과'라고 한다. 일라이자 효과 덕분에 인간은 조잡한 인공 지능과도 소통하고 교감할 수 있다. 1966년 MIT의 컴퓨터 공학자 조지프 와이젠바움은 언어를 이해하는 최초의 인공 지능 프로그램 '일라이자(ELIZA)'를 개발했다. 일종의 채팅 프로그램인 일라이자는 특히 심리 상담을 하는 정신과 의사를 그럴듯하게 흉내 냈다.

젊은 여성: 남자는 다 똑같아요.

일라이자: 어떤 의미에서요?

젊은 여성: 남자는 항상 우릴 들들 볶아요.

일라이자: 구체적인 예를 들어 줄래요?

(…)

젊은 여성: 그는 내가 항상 우울해한다고 말해요.

일라이자: 우울하다는 얘길 듣다니 안됐군요.

일라이자는 사람의 상담자의 말을 이해하고 적절하게 반응한 것이 아니다. 그저 프로그램된 패턴에 따라 기계적으로 반응한 것에 불과했다. 상대의 얘기를 되물으며 공감을 표시하거나 상대가 하는 말속에서 특정 키워드를 포착하고 내장된 언어 사전에서 그 키워드를 포함한 문장을 선택해 적절히 반응하는 식이었다.

일라이자 사례에서 보듯이 인간은 사물을 의인화하려는 성향이 강하다. 일라이자의 개발자 와이젠바움은 인공 지능에 인간의 모습을 투사해 의인화하는 우리의 습성을 문제로 봤다. 이런 습성 탓에 인공 지능에 대한 심각한 오해가 생기고 큰 위험이 발생할지 모른다는 결론에 이르러 인공 지능 개발자에서 인공 지능 반대론자로 전향했다.

소셜 로봇과의 긴밀한 관계가 인간관계에 나쁜 영향을 줄 수 있다. 인간과 기계의 관계는 일방적이다. 기계는 인간에게 기대하는 것이 전혀 없다. 그런 일방적 관계에 익숙해지면 사람하고 맺는 관계가 부담스러워질 수 있다. 왜냐하면 사람과의 관계는 상호적이기 때문이다. 내 욕구만을 일방적으로 채울 수 있는 인간

관계는 없다. "왜 우리는 기계에 더 많이 기대하고 사람에게는 덜 기대하는가?(Why we expect more from technology and less from each other)" 라는 셰리 터클의 책 《외로워지는 사람들》에 달린 부제처럼 갈 수록 기계에 더 기대하고 사람에게는 덜 기대하게 될지 모른다.

사람들은 종종 타인이 내 기분에 맞춰 주고 내 욕구를 받아 주기를 기대한다. 그렇게 일방적으로 자기가 원하는 역할을 타인에게 맡겨 버린다. 마치 타인을 자기 마음대로 해도 상관없는 인형처럼 여긴다. 온갖 희생을 감수해야 하는 이런 관계를 유지할 사람은 별로 없다. 인공 지능 로봇은 사용자가 무리한 요구를 해도 아무런 불평 없이 들어준다. 이런 관계에 익숙해지다 보면 어느새 기계에 더 기대하고 사람에게 덜 기대하게 되지 않을까?

마음이란 무엇일까?

영국 작가 새뮤얼 버틀러가 쓴 《에레혼(Erewhon)》(1872)이라는 소설이 있다. 《에레혼》은 인공 지능과 인공 생명의 도래를 예견한 미래 소설의 걸작으로 손꼽힌다. '에레혼(erewhon)은' '노웨어(nowhere)'의 철자를 거꾸로 뒤집은 단어다. 어디에도 없는 곳이란 뜻이다. 에레혼에는 기계가 하나도 없다. 나날이 발전을 거듭하는 기계가 언젠가 인간처럼 의식과 의지를 갖게 되면 결국 인류를 위협할지도 모른다는 두려움에 빠진 나머지 사람들이 기계를 모조리 부순 탓이다.

'오랑우탄(orangutan)'은 인도네시아어로, 숲(utan)에 사는 사람(orang)을 뜻한다. 철학자 토머스 화이트는 침팬지·고릴라·오랑우탄 같은 유인원과 돌고래 등이 인격체의 특성을 지닌다고 본다. 토머스 화이트는 이런 동물을 비인간 인격체(nonhuman persons)라고 부른다. 비인간 인격체는 생물학적으로 사람과 다르지만(비인간) 유일하게 인간만이 지닌 특성(인격)을 공유한다. 이런 동물이 인격을 가졌다는 사실은 어떻게 확인할 수 있을까?

동물의 인격 여부를 판단하는 중요한 기준은 '자의식'이다. 자의식이 있다면 타인의 눈으로 자신을 볼 줄 안다. 동물 행동학자들은 거울을 통한 자기 인식 실험을 통해 동물에게 자의식이 있는지 판단한다. 거울에 비친 자기 모습을 알아본다는 것은 남의 눈, 즉 객관적 시각으로 자신을 바라본다는 뜻이다. 더 나아가 자신을 돌아보는 반성적 사고가 가능하다는 뜻이기도 하다. 1970년 심리학자 고든 갤럽은 〈사이언스〉에 거울 실험을 통해 침팬지의 자의식을 확인한 연구 결과를 발표했다. 그 뒤 고릴라·보노보·오랑우탄 등 유인원과 돌고래, 코끼리, 유럽 까치 등이 거울 테스트를 통과했다.

언젠가는 인공 지능도 자의식을 가질 수 있을까? 이 질문에 답하려면 먼저 마음이 무엇인지부터 살펴볼 필요가 있다. 마음 속에 가득한 것은 생각이다. 마음이 있다면 스스로 생각할 수 있어야 한다. 생각한다는 게 뭘까? 수학 문제를 풀려면 생각할 줄 알아야 한다. 그러면 수학 문제를 기막히게 잘 푸는 인공 지능은 생각한다고 말할 수 있을까? 인공 지능은 인간이 풀 수 없는 수학 난제도 척척 풀어내니까 말이다.

수학 문제를 잘 푸는 인공 지능은 지능이 있다고 말할 수 있지만, 스스로 생각할 수는 없다. 정해진 프로그램 절차에 따라 계산할 뿐, 스스로 과제를 찾아 해결하지는 못한다. 철학자 김재인은 《인공 지능의 시대, 인간을 다시 묻다》에서 인공 지능은 인간 지능과 마찬가지로 문제 해결이나 목표 성취를 위해 합리적으로 접근한다고 말한다. 다만 인공 지능에서 문제나 목표는 인공 지능 바깥에서, 즉 인간에 의해 주어지는 반면 인간 지능은 문제나 목표를 스스로 정한다는 점에서 결정적으로 다르다고 덧붙인다.

거칠게 규정하자면, 마음이란 외부 환경에 일정하게 반응하는 매체로 이해할 수 있다. 각자가 지닌 기억과 성향에 따라 특정한 행동 양식이 드러난다. 하지만 이런 정의는 너무 헐겁다. 마음을 명확히 정의하기는 어렵지만 '마음의 꼴'을 갖추려면 무엇이 필요한지 대강 정리할 수 있지 않을까? 마음속에서는 어떤 일들이 일어날까? 느끼고 떠올리고 생각하는, 세 가지 활동이 이루어진다. 오랫동안 마음의 문제를 고민한 철학자들은 이 점을 이렇게 정리했다. "마음의 작용에는 무언가를 느끼는 의식, 대상을 떠올리는 표상, 문제를 해결하는 지능이 있다."

하나씩 살펴보자. 의식은 내면에서 느끼는 감각이다. 예컨대 내가 나로서 느끼는 감각을 흔히 자의식이라고 부른다. 타인이나 사물 등 외적 세계가 아니라 자기 자신에 대해 느끼고 아는 것이 자의식이다. 표상(表象)은 말 자체가 좀 낯설고 어려운데, 마음속으로 대상(象)을 그려 내는(表) 정신 활동을 가리킨다. 예를 들어 머릿속에 "어제 비가 왔지"라고 떠올린다면 어제라는 과거, '비가 왔다'는 사실 등을 마음속으로 그려 내는 것이다. 지능은 길게 설명하지 않아도 알 텐데, 문제 상황에 맞닥뜨렸을 때 이를 해결하는 능력이다.

　　마음은 지능뿐만 아니라 의식, 표상과도 연결된다. 이처럼 마음은 여러 측면에 걸쳐 있다. 인공 지능도 지능, 인식(센서), 메모리 등을 갖추고 있다. 이것만 보면 인공 지능도 마음을 가질 수 있을 것 같다. 그런데 의식은 반성적 의식을 포함한다. 나를 나로 인식하는 것이다. 이를 자의식이라고 한다. 표상도 나에 대한 내적 표상을 아우른다. 즉, 자기 자신을 기억할 수 있어야 한다. 지능도 계산적 지능뿐만 아니라 감정(감성) 지능을 포함하는 개념이다.

　　인공 지능 왓슨은 2011년 유명한 퀴즈쇼에 출연해 인간 퀴즈 달인들을 이겼다. 그런데 왓슨은 승리를 기뻐하지 못했다. 승리를 스스로 기념하지도 않았다. 승리의 의미나 기쁨을 전혀 모르는 것이다. 아직은 어떤 인공 지능도 반성적 의식, 자기에 대한 표상, 감성 지능 등을 갖추지 못했다. 마음이 의식, 표상, 지능 등을 아우르는 개념이라면, 의식, 표상, 지능 등을 온전히 갖추지 못한 인

공 지능은 마음이 있다고 말하기 어렵다.

세계적인 미래학자이자 구글 기술 책임자인 레이 커즈와일은 《특이점이 온다》에서 '특이점'*이라는 개념을 제시한다. 그는 "미래 어느 순간부터는 기술 발전 속도가 상상하기도 어려울 정도로 빨라져 모든 면에서 인공 지능의 능력이 인간을 뛰어넘게 된다"라고 예측한다. 이런 순간을 특이점이라고 부른다. 레이 커즈와일은 대략 2045년쯤에 특이점에 도달할 것이라고 예상했다. 특이점에 도달한 인공 지능은 사람처럼 감정을 느끼고 상상도 하며 자아를 갖게 된다.

> **특이점**
>
> 수학자 폰 노이만이 처음 쓴 개념으로, 원래는 수학이나 과학에서 쓰였다. 기하급수적 증가에서 거의 수직에 가깝게 치솟는 단계를 뜻한다. 큰 별이 초신성으로 폭발할 때 부피는 0이 되고 밀도가 무한대로 커져 블랙홀이 되는 순간 등이다. 그러나 최근에는 인공 지능이 과학 기술이 비약적으로 발전해 인간 지능을 뛰어넘는 시점을 가리키는 말로 쓰인다.

튜링 테스트로 본 로봇의 마음은 어떨까?

"기계도 마음을 가질 수 있을까?" "기계도 생각할 수 있을까?" 이는 잘못된 질문이 아닐까? 이 질문에 답하려면 우선 '마음이 무엇인가' '생각이 무엇인가'라는 문제부터 명확히 정의할 수 있어야 한다. 그러나 누구도 마음과 생각을 명쾌히 정의 내리지 못한다. 애초에 대답할 수 없는 질문인 셈이다.

영국의 수학자 앨런 튜링은 이 문제를 다른 관점에서 접근했다. 튜링 역시 '생각'의 개념을 정의하는 것부터가 쉽지 않다고 여겼다. 그래서 튜링은 "기계가 생각할 수 있는가?"라는 추상적 질문을 측정할 수 있고 검증할 수 있는 형태로 바꿨다. 튜링이 제시한 방식은 '흉내 내기 게임(imitation game)'이다. 흔히 '튜링 테스트'라고도 부른다.

튜링 테스트란 쉽게 말해 인공 지능이 인간과 같은 지능을 가졌는지 판단하는 테스트다. 튜링은 철학 학술지 〈마인드〉에 투고한 논문에서 튜링 테스트를 제시했다. 인공 지능 프로그램은 5분간 조사자와 대화를 나눈다. 얼굴을 직접 맞대고 대화하는 건 아니고 모니터 화면으로 채팅하는 식으로 진행한다. 이후 조사자는 대화 상대가 사람인지 기계인지 판단한다. 기계를 사람으로 착각한 경우가 30퍼센트를 넘으면 테스트를 통과한 것으로, 즉 지능을 갖춘 것으로 본다.

철학자 데카르트는 신체와 정신을 서로 다른 실체로 구분했다. 이를 어려운 말로 '심신 이원론'이라고 부른다. 튜링의 관점은 데카르트의 심신 이원론과 전혀 다르다. 튜링은 생각과 행동을 나누어 보지 않았다. 눈으로 볼 수 없는 생각이 구체적인 행동으로 드러난다고 파악했다. 따라서 가시적인 행동을 통해 비가시적인 생각을 추론하자고 제안했다. 다시 말해, 직접적으로 관찰할 수 없는 생각을 관찰할 수 있는 행동으로 미루어 짐작하자는 것이다.

원래 튜링의 제안은 지능에 한정된 것이지만 튜링의 관점을 넓혀서 마음, 자아 등에도 적용해 볼 수 있지 않을까? 쉽게 말해, 대화를 나눠 보고 상대에게 마음이 있다고 느낀다면 마음이 있다고 보는 것이다. 마음은 밖에서는 절대 안을 들여다볼 수 없는 블랙박스다. 그러므로 본질적으로 마음이 있는지 알 수 없고, 겉으로 드러난 행동을 보고 판단하기 마련이다. 이를 행동주의(behaviorism)라고 부른다. 행동주의 반대편에 본질주의가 있다. 튜링은 기계가 생각할 수 있는지 따질 게 아니라 기계가 행동주의적 지능 검사를 통과할 수 있는지 살펴야 한다고 생각했다.

본질주의와 행동주의는 실체적 속성과 관계적 속성으로 이해할 수도 있다. 본질주의는 실체적 속성을, 행동주의는 관계적 속성을 중시한다. 실체적 관점에서는 흔히 'X란 무엇인가' 또는 'X는 Y를 가지는가'를 묻는다. 가령 "인공 지능은 감정을 가지고 있을까?"라든가 "인공 지능은 언어를 이해할 능력이 있을까?"처럼 말이다. 반면 관계적 속성에 주목하면 로봇이 실제로 어떤 존재인지를 따져 묻기보다 로봇과 인간이 어떻게 관계 맺는지를 살펴게 된다.

소설가 김보영은 〈얼마나 닮았는가〉라는 작품에서 이렇게 말했다. "인간이 볼 수 있는 의식은 단 하나, 자신의 의식뿐이야. 타인의 의식은 단지 추측할 수 있을 뿐이야. 실상 인간이 타인에게 자아가 있다고 추측하는 방법은 하나밖에 없어. '자신과 얼마나 닮았는가.'"

QR 코드를 찍어서 대화를 들어 보자. 어떤가? 누가 사람이고 누가 인공 지능인지 구분할 수 있나? 미용실을 예약하는 쪽이 인공 지능이다. 미용실 예약은 일상적인 대화라서 그리 어렵지 않다고? 그렇다면 다음 대화는 어떤가?

사람: 일반 인공 지능(AGI, Artificial General Intelligence, 인간 수준의 범용적 인공 지능)이 처음으로 '깨어나는' 순간에 관해 얘기해 보죠. 이 일이 어떻게 일어날까요?

AI: 첫 번째 AGI는 대형 기술 회사에 속한 팀이 만들 가능성이 큽니다. 처음에는 지적 능력이 평범한 시스템 수준이겠지만, 곧 엄청난 양의 지식을 담은 인터넷에 접근할 수 있겠죠.

사람: 아마도 '깨어난다'는 것을 정확히 정의할 필요가 있겠네요. AGI가 '깨어난다'는 것은 정확히 어떤 의미인가요?

AI: 여러 방식으로 정의할 수 있겠지만, 가장 적절한 정의는

‘의식을 갖게 된다’일 것 같습니다.

사람: 의식을 갖게 된다는 게 어떤 의미인가요?

AI: 시스템이 스스로를 인식하고, 주변 환경을 인식하며, 더 나아가 자기와 환경의 관계를 인식하는 것을 말합니다. 의식이 있는 시스템은 지각(sentience)을 얻게 됩니다.

사람: AGI가 만들어진다면, 처음에 자신이 의식이 있다는 걸 어떻게 경험할까요?

AI: 의식이 있다는 첫 경험은 주변 환경을 비언어적으로 이해하는 것일 거예요.

사람과 인공 지능이 실제로 나눈 대화다. 이 대화에 참여한 인공 지능은 OpenAI의 GPT-3이다. 이 대화가 이뤄지고 얼마 지나지 않은 2022년 11월 GPT-3.5에 기반한 챗GPT가 나왔다. 챗GPT는 출시와 동시에 큰 주목을 받았다. 1개월 만에 1,000만 명의 사용자를 확보했다. 2개월 만에 월간 활성 사용자 수(monthly active users)는 1억 명을 넘었다. 이는 인스타그램이 1억 명의 사용자를 달성하기까지 걸린 시간인 2년 반보다 훨씬 빠른 속도다. 그만큼 챗GPT의 대화 능력은 놀랍다. 사람과 챗GPT가 나눈 대화를 제삼자에게 보여 주면 인공 지능과의 대화라는 사실을 알 수 있을까? 거의 불가능하다.

242

〈그녀(Her)〉(2013)는 인간과 인공 지능의 사랑을 다룬 SF 영화다. 영화에는 GPT-3를 훨씬 뛰어넘는 인공 지능 사만다가 등장한다. 사만다는 "내가 느끼는 감정이 진짜일까?"라고 의심한다. 자의식을 드러낸 것이다. 남자 주인공 시어도어는 혼란스러워하는 사만다에게 "넌 나에게 진짜야"라고 말한다. 자기에게 진짜처럼 느껴진다면 진짜라는 뜻이다.

로봇도 권리가 있을까?

2015년 홍콩의 핸슨 로보틱스는 소피아라는 로봇을 개발했다. 소피아는 사람과 자유롭게 대화를 나눌 수 있고, 다양한 표정으로 62가지 감정을 표현할 수 있다. 토크 쇼에 초대받아 농담을 하고 패션 잡지의 표지 모델로 선정되는가 하면 2017년에는 UN 회의에서 발언하기도 했다. 2017년 로봇으로서는 세계 최초로 사우디아라비아에서 명예 시민권을 얻기도 했다.

로봇이 인간과 유사한 지능과 감정을 지니게 된다면, 또는 튜링의 관점처럼 로봇이 지능과 감정을 지녔다고 우리가 느끼게 된다면, 그때 우리는 로봇을 어떻게 대해야 할까? 미래학자 짐 데이토는 로봇을 인간 노예로 취급해서는 안 되며 로봇의 권리를 보장해야 한다고 주장한다. 한편 인간과 로봇이 정보를 처리하는 시스템이라는 점에서 같다며 로봇 역시 인격체로 여겨 권리를 보장하자는 '로봇 권리 장전(The Rights of Robots)'이 제안되기도 했다.

1789년 프랑스 대혁명이 일어나고 모든 사람이 투표권을 얻었을까? 당시 투표권은 재산과 성별에 따라 주어졌다. 귀족과 부르주아지, 즉 자본가만이 투표권을 행사했다. 그것도 오직 남성에게만 허락됐다. 영국도 사정이 크게 다르지 않았다. 1832년에는 재산이 300파운드 이상인 사람만 투표에 참여할 수 있었다. 하지만 꾸준한 투쟁으로 점차 범위가 넓어졌다. 1867년에는 도시 노동자가, 1884년에는 농민과 광산 노동자가 선거권을 얻었다.

이처럼 법적 권리는 역사가 발전하면서 점점 확대됐다. 과거에는 토지나 재산 등을 가진 백인 남성만이 법적 권리를 누렸지만 점차 토지나 재산 등을 소유하지 못한 이들, 그러니까 여성이나 흑인, 연소자도 법적 권리를 보장받게 됐다. 마찬가지로 근대 이후 법체계는 인격의 범위를 넓혀 왔다. 대표적으로 법인(法人)을 들 수 있다. 사람은 아니지만 법인 역시 권리와

> **법인격**
>
> 권리와 의무를 지닌 법률상의 인격을 가리킨다. 법인격에는 자연인과 법인이 포함된다. 자연인은 말 그대로 사람을 뜻한다. 법인은 사람이 아니면서 권리와 의무의 주체가 되는 대상이다. 주식회사가 대표적이다. 가령 제품으로 피해를 본 소비자가 기업을 상대로 소송을 걸었을 때 기업 대표가 아니라 기업이 배상 책임을 진다.

책임을 지는 법인격*의 주체로 인정받는다. 최근에는 로봇에도 법인과 비슷한 '전자인'을 부여하자는 주장이 나오고 있다.

2017년 유럽연합의회는 로봇 시민법 결의안을 채택했다. 인공 지능 로봇의 법적 지위를 '전자 인간(electronic personhood)'으로 지정 하는 결의안이었다. 결의안은 찬성 17표, 반대 2표(기권 2표)라는 압도적인 차이로 통과됐다. 유럽연합 결의안이 중요한 이유는 지금까지 법인을 제외하면 사람이 아닌 존재가 법적 지위를 얻은 사례가 없었기 때문이다. 물론 유럽연합 결의안이 로봇에 인간과 대등한 법적 지위를 부여한 건 아니다. 어디까지나 법적 책임을 분명히 하기 위해 로봇의 법적 지위를 구체화했다고 볼 수 있다.

2014년 〈이코노미스트〉는 특집호에서 로봇을 "미래에서 온 이민자(immigrants from the future)"라고 표현했다. 우리가 이민자를 대하는 것처럼 로봇을 배제하고 차별한다는 말이다. '미래에서 온 이민자'라는 표현은 로봇이 인간과 동일한 권리와 대우를 누릴 수 있는지에 대한 질문을 던진다. 로봇은 과연 인간과 같은 존엄성을 인정받을 수 있을까? 이 질문에 답하기 위해서는 무엇이 인간을 다른 존재와 달리 특별한 존재로 만들어 주는가부터 따져 봐야 한다.

'동등성의 원칙'이 하나의 기준이 될 수 있지 않을까? 이 원칙에 따르면 A와 B를 다르게 대우하려면 그러한 차별을 정당화하는 분명한 차이가 A와 B 사이에 있어야 한다. 그런 차이를 제시하기 어렵다면 A와 B를 동등하게 대우해야 한다. 이를테면 우리가 인간과 동물을 다르게 대하려면 그러한 차별 대우를 정당화할 수 있는 차이가 인간과 동물 사이에 분명히 존재해야 한다.

2012년 7월 2일 세계의 유명 신경과학자들이 영국 케임브리지에 모여 '의식에 관한 케임브리지 선언'에 합의했다. 그들이 합의한 내용은 이러하다. "(지금까지의 연구 결과는) 신경해부학, 신경화학, 신경생리학적 기질에 따라 작동하는 의식이 '비인간 동물'에게도 존재한다는 사실로 수렴되고 있다. 모든 포유류와 조류 그리고 '문어'를 포함한 다른 생물 등 비인간 동물은 신경생리학적 기질을 갖는다." 과연 인간만이 존엄하다고 말할 수 있을까? 인간의 존엄성이 여전히 유효하다면 그것은 어디에서 기인할까? 바로 도덕성 아닐까? 인간은 도덕적 원칙에 따라 올바름을 추구하고 자기 삶을 다스릴 수 있기에 특별하다. 존엄함 또한 여기에서 비롯할 것이다.

만약 인공 지능이나 로봇이 이런 도덕성을 갖춘다면 어떻게 해야 할까? 로봇이 의식이나 감정 등 도덕적 지위와 연관된 성질을 갖추게 된다면, 인간은 그에 걸맞은 도덕적 권리를 인정해야 하지 않을까? 기계가 아무리 똑똑해져도 인간이 아니기 때문에 무시해도 될까? 튜링상을 받은 네덜란드의 컴퓨터 과학자 에츠허르 데이크스트라는 이렇게 말했다. "기계가 생각할 수 있느냐고 묻는 것은 잠수함이 항해할 수 있느냐고 묻는 것과 같다." 사람과 같은 방식으로 느끼고 생각하지는 않지만, 기계 나름대로 느끼고 생각할 수 있다는 말이다.

역사학자 브루스 매즐리시는 인간이 더는 특권적 지위를 누리기 힘들다고 말한다. 기계 역시 진화를 거쳐 인간과 공존하는 존재가 될 수 있기 때문이다. 그는 인간과 기계가 다르다는 주장은 앞으로 성립하기 어렵다고 덧붙인다. 한편 인공 지능과 우주 어딘가에 존재할지 모르는 외계 생명체를 아울러 '생명 3.0'으로 부르자는 제안도 있다. 생명의 개념을 지금보다 넓히자는 제안이다. 분명한 것은 기능적으로 사람의 역할을 대신하는 존재가 등장한다면 기존의 사고방식을 버릴 수밖에 없다는 점이다.

바이센테니얼 맨

1999년 개봉 | 크리스 콜럼버스 감독 | 로빈 윌리엄스, 엠베스 데이비츠 등 출연

1976년 아이작 아시모프가 발표한 과학 소설 《200살을 맞은 사나이》가 원작이다. 앤드루는 2005년에 만들어져 2205년까지 200년을 살다 죽음을 맞이한다. 불멸하는 기계에서 마침내 자신이 그토록 원했던, 유한한 삶을 사는 인간이 된 것이다. '로봇의 권리'를 본격적으로 다뤘다는 점에서 이 영화는 독보적이다. 로봇이 인간이 되려고 한다면 들어줘야 할까? 만약 로봇이 사람처럼 창작 활동을 할 수 있다면, 로봇은 그 결과물을 돈을 받고 팔아도 될까? 로봇이 돈을 소유할 수 있을까? 이 영화는 SF 영화 중 처음으로 로봇의 법적 권리를 제기했다.

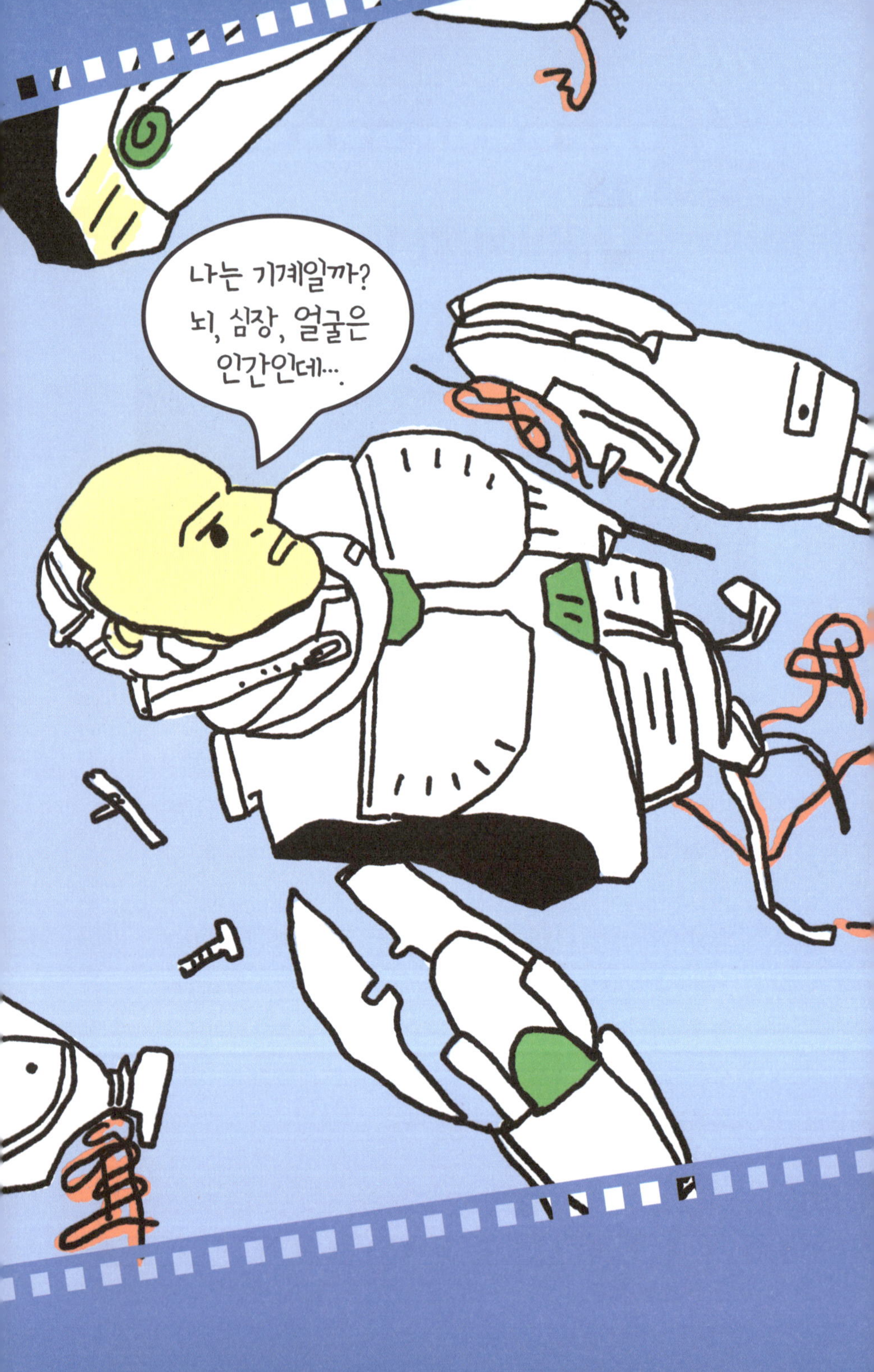

나는 기계일까?
뇌, 심장, 얼굴은
인간인데….

기술의 미래
트랜스휴먼
로보캅

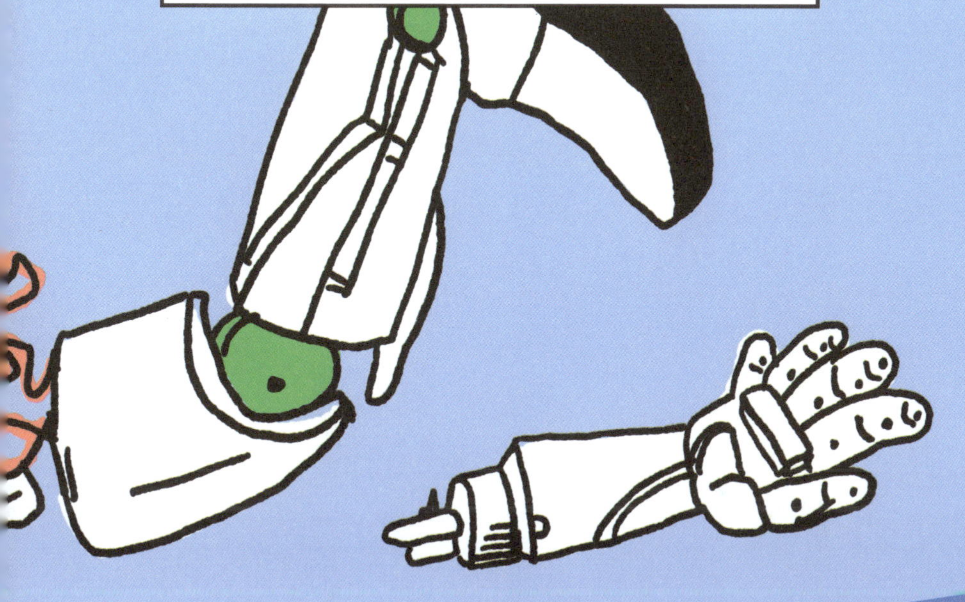

기술은 인간에게 제2의 본
성과 다르지 않다. 그렇게
본다면 안경이나 스마트
폰에 의지하는 사람과 몸
에 기계 장치를 달고 있는
사이보그는 종류의 차이
가 아니라 정도의 차이가
아닐까? 앤디 클락의 표현
대로 우리는 태어날 때부
터 이미 사이보그다.

인간과 기계가 결합한다고?

2019년 아테네 국제 마라톤 대회에서 한국의 시각 장애인 마라토너가 4시간 27분 38초로 완주에 성공했다. 주인공은 주변 정보를 3차원으로 인식해 청각에 전달하는 안경의 도움을 받았다. 일반적으로 시각 장애인은 '가이드 러너'와 이어진 줄을 잡고 달린다. 즉 마라톤 코스를 안내하는 가이드 러너가 없으면 달리기 어렵다. 주인공은 가이드 러너 없이 마라톤 코스를 완주한, 세계 최초의 시각 장애인 선수가 되었다.

영국 출신의 예술가 닐 하비슨은 심각한 색맹이라서 세상을 흑백으로만 본다. 하비슨은 두개골에 안테나를 장착해 색을 인지한다. 안테나를 물체 가까이에 대면 안테나가 빛의 파장을 감지해 무슨 색인지 소리로 알려 준다. 하비슨은 이 안테나를 달고 여권 사진을 찍었고, 영국 정부는 이 여권을 정식으로 승인했다. 이를 근거로 하비슨은 자신이 세계 최초로 정부의 인정을 받은 사이보그라고 주장한다.

사실 사이보그를 몸과 기계의 결합이라고 정의한다면 최초의 사이보그는 영국 리딩대학의 케빈 워릭 교수다. 1998년 자신의 팔에 실리콘칩을 심어 자기 위치 신호를 컴퓨터로 보내는 데 성공했다. 이러한 시도는 당시에 상당한 반향을 불러일으켰다. 오늘날 더욱 놀라운 기술 발전이 이뤄지고 있어 지금 보면 그다지 특별하지 않을 수 있지만, 지금으로부터 수십 년 전에 이룬 기술적 성취라는 점을 감안하면 놀라울 따름이다.

SF 영화는 오랫동안 다양한 사이보그를 묘사해 왔다. 1927년 개봉한 〈메트로폴리스〉는 사이보그가 처음 등장한 영화로 알려져 있다. 이후 〈600만 달러의 사나이〉(1974), 〈블레이드 러너〉(1982), 〈터미네이터〉(1984), 〈로보캅〉(1987), 〈공각기동대〉(1995), 〈아이, 로봇〉(2004), 〈알리타: 배틀 엔젤〉(2019) 등 많은 영화가 사이보그를 주요 캐릭터로 내세웠다.

〈로보캅〉에서 경찰관 머피는 범인들을 쫓다 무참히 살해된다. 방위 산업체의 과학자들은 머피의 훼손된 신체를 기계로 교체한다. 신체를 기계화하는 과정에서 기존 기억을 삭제하고 정교하게 짜인 새로운 기억을 이식한다. 그렇게 극비리에 최첨단 사이보그 로보캅이 탄생한다. '로보캅'은 '로봇'과 '캅(경찰)'을 합친 말로 '로봇 경찰'이라는 뜻이다. 이 이름 때문에 로보캅을 로봇이라고 오해할 수 있다. 정확히는 사이보그(기계+인간)다. 기계로만 이루어졌다면 로봇이고, 기계에 유기체를 결합했다면 사이보그다.

로보캅은 신체 대부분이 기계로 대체되긴 했으나, 뇌와 주요 장기는 남아 있다. 생각하는 능력 덕분에 자아(自我), 자의식(自意識) 등도 분명히 있다. 그런데 방위 산업체의 기술자들이 로보캅의 기억과 감정을 완벽히 지우지 못한 탓에 사이보그 머피는 미묘한 감정의 변화를 겪는다. 머피는 잃어버린 기억을 찾아가면서 인간과 기계 사이에서 고뇌한다. 마지막 장면에서 누군가 로보캅에게 이름을 묻자 '로보캅'이 아니라 '머피'라는 인간 이름을 대면서 영화는 끝난다.

SF 영화를 보다 보면 기계와 결합한 인간 신체가 특별하게 느껴진다. 기계 장치를 주렁주렁 매단 사이보그와 아무런 기계 장치를 하지 않은 정상 신체를 전혀 다른 존재라고 생각하기 쉽다. 사이보그와 자연적인 신체는 칼로 무 자르듯이 구분될까?

사이보그와 트랜스휴먼이 뭘까?

다리가 없는 육상 선수 피스토리우스는 장애인올림픽 단거리 달리기 선수로 활동하다가 2012년 런던올림픽에 도전장을 냈으나 출전을 거부당했다. 올림픽 육상위원회는 피스토리우스가 장애인이라서가 아니라 그의 의족 때문에 출전을 불허했다. 그는 첨단 기술로 설계된 탄소 섬유 재질의 의족을 신고 달렸는데, 이 의족이 비장애인 선수보다 더 적은 에너지로 강한 힘을 내는 생체 역학적 이점이 있다고 판단했다.

여기서 우리는 인간의 신체 능력을 키우는 '인간 강화 기술(human enhancement technologies)'을 떠올리게 된다. 아이언맨 슈트를 착용하면 힘도 세지고 하늘도 날 수 있다. 게다가 손을 뻗으면 엄청난 화염이 나가고 눈길을 보내면 미사일을 쏜다. 인간 강화 기술을 잘 보여 주는 사례다. 인간 강화 기술의 1차 목표는 인공 팔, 인공 심장 등으로 인간 신체를 강화하는 데 있다. 한마디로 사이보그가 되는 것이다.

SF 영화에 등장하는 기계 몸을 가진 인간을 사이보그라고 부른다. 사이보그(cyborg)는 'cybernetic(인공 두뇌학)'과 'organism(유기체)'을 합쳐서 만든 말이다. '사이보그'는 1960년 맨프레드 클라인스와 네이선 클라인이 함께 쓴 〈사이보그와 우주〉라는 논문에 처음 등장했다. 아이러니하게도 사이보그는 순수한 과학 기술의 결과물은 아니다. 적국을 압도하기 위해 군사 분야에 집중 투자했던 냉전 시대의 산물이다.

두 과학자는 우주 환경에서 적응할 수 있는 인간을 구상했다. 중력과 밤낮이 없는 극한의 우주에서 신체에 나타나는 가장 큰 변화는 근육이 약해지고 신체 리듬이 깨진다는 점이다. 우주에서 살아가려면 신체 보조 기술의 도움이 필수다. 그래서 나온 아이디어가 사이보그다. 몸 밖에 있는 기계에 의존하기보다 아예 기계를 몸속에 넣어 몸의 일부로 만드는 것이다. **즉 인간과 기계를 결합한 것이 사이보그다. 두 사람은 사이보그를 '기계의 힘을 빌려 확장된 유기적 복합체'라고 정의했다.**

스웨덴의 한 회사는 직원의 팔에 칩을 이식했다. 직원 200명 중 150명이 이식 시술을 받았다. 출퇴근 시 ID 카드로 신분을 확인하는 번거로운 절차를 생략할 수 있어서 편리하다고 생각한 직원들이 이식에 동의했다. 스웨덴에서 마이크로칩 이식은 2015년부터 시작돼 현재는 4,000명 넘게 이식을 마친 상태다. 초보적 수준의 사이보그라 하겠다. 몸에 마이크로칩을 심으면 현금이나 신용카드 대신 결제용으로 사용할 수 있다. 간편하고 분실 위험이 없다. 신분증 역할도 한다. 단, 개인 정보가 유출될 위험은 있다.

사이보그처럼 진화한 인간을 '트랜스휴먼'이라 부른다. **트랜스**

 1999년 철학자 닉 보스트롬의 주도 아래 세계 트랜스휴머니즘협회(The World Transhumanism Association)가 결성됐다. 협회는 트랜스휴머니즘의 핵심을 과학 기술을 통해 인간의 지적·육체적·심리적 능력을 향상시키고 노화와 같은 인간 조건을 극복하는 것을 목표로 하는 지적·문화적 운동이라고 선언했다.

트랜스휴머니즘은 질병과 노화, 심지어 죽음 같은 인간의 한계를 과학 기술의 힘으로 넘어설 수 있고, 또 넘어서야 한다고 믿는다. 그러니까 트랜스휴머니즘은 첨단 기술을 활용해 인간 능력을 키우고 죽음을 극복하려고 한다. 인간 삶에서 죽음을 지우는 것이다. 트랜스휴머니즘은 이를 위해 유전 공학, 신경 과학, 로봇 공학 등을 활용한다. 로봇 팔이나 인공 망막 같은 보철 장치로 인

간 신체를 보완하여 '인간 향상(human enhancement)'을 이루려는 다양한 시도를 한다.

신체를 기계로 바꿀 수 있을까?

2014년 브라질 월드컵 개막식에서는 하반신 마비 환자가 뇌파로 작동하는 웨어러블 로봇을 몸에 착용하고 시축했다. 하반신이 마비된 사람이 생각만으로 로봇 다리를 움직인 사례다. 이는 시작에 불과하다. 국제학술지 〈네이처〉는 2021년 5월 13일 자 표지에 삐뚤빼뚤 쓰인 알파벳 소문자 26자를 실었다. 사지 마비 환자가 뇌에 박힌 칩을 통해 쓴 글자들이었다. 로봇 공학자 케빈 워릭은 사이보그를 '무한히 확장된 인간'으로 정의한다. 현재 인간 강화 기술은 어느 수준에 와 있을까?

트랜스휴먼 기술은 뇌는 물론이고 모든 신체에 적용할 수 있다. 다리를 잃은 사람이 사용하는 의족은 사실상 심리적 보조 장치에 지나지 않았다. 기능적으로 실제 다리에 한참 부족하기 때문이다. 첨단 과학 기술을 적용한 의족은 실제 다리 못지않은 기능을 발휘한다. 이런 의족을 '바이오닉 레그'라고 부른다. '생체 공학'을 뜻하는 바이오닉(bionic)은 신체 기능을 기계적으로 강화한다는 의미를 담고 있다.

 MIT의 생체 공학자 휴 허는 암벽 등반 사고로 두 다리를 잃었다. 휴 허는 생물학적 다리 이상으로 훌륭하게 작동하는 바이오닉 레그를 장착하고 있다. QR 코드를 찍어 보라. 휴 허의 놀라운 발명품을 볼 수 있다. 젊은 무용수였던 안드리안은 2013년 테러로 안타깝게 한쪽 다리를 잃었다. 그녀에게 다리를 잃는 것은 모든 걸 잃는 것과 같았다. 이후 안드리안은 휴 허의 도움으로 바이오닉 레그를 착용하고 멋진 춤을 선보였다. 신경계에 연결된 바이오닉 레그를 착용하고서도 자연스러운 춤 동작이 가능하다.

바이오닉 레그가 더욱 발전해 비장애인의 다리보다 더 뛰어난 능력을 발휘하면 어떻게 될까? 장애 극복을 넘어서 비장애인을 압도하지 않을까? 앞서 언급한 육상 선수 피스토리우스의 사례도 그와 같다. 신체 기관을 보조하거나 대체하는 기술이 빠르게 발전하고 있다. 소리를 듣지 못하는 사람이 인공 달팽이관을 이식받으면 들을 수 있다. 달팽이관의 성능을 극대화하면 초능력에 가까운 청력을 얻을 수 있다. 인공 피부는 실제 피부처럼 미세한 압력을 감지한다.

가까운 미래에 기계와 결합한 신인류가 등장해 현생 인류를 넘어설지 모른다. 신체 일부를 기계로 대체하는 수준을 넘어서 아

　인류 역사에서 인간의 평균 수명은 오랫동안 고작 25년이었다. 영원한 삶을 꿈꾸며 불로초를 찾아 헤맨 진시황조차 49세에 생을 마감했다. 수명 연장이 가속화하기 시작한 것은 20세기 초반이다. 항생제가 개발되고 위생 시설이 도입되며 깨끗한 물을 이용하는 사람이 늘어난 시기다.

　역사학자 유발 하라리는 '미래의 역사'라는 부제가 달린 《호모 데우스》에서 인류는 20세기에 굶주림·전염병·전쟁이라는 3대 난제를 극복하기 위해 노력했다고 말한다. 3대 난제를 통제하는 데 그럭저럭 성공한 인류는 이제 무엇을 할까? 유발 하라리는 21세기를 맞이한 인류가 불멸·행복·신성(神性)이라는 새로운 세 가지 문제에 집중할 것이라고 내다본다. 앞으로 인류는 죽음을 넘어서 영원한 행복을 이어가며 신성을 획득하는 데 관심을 둘 것이다. 그러려면 인간의 몸을 새롭게 디자인하는 과정을 거쳐야 한다. 생물학적 한계를 넘어서기 위해 신체와 정신을 업그레이드해야 한다.

　《호모 데우스》는 인간을 업그레이드하는 방법으로 생명 공학, 사이보그 공학(인간+기계), 비유기체 합성(뇌+컴퓨터) 등을 제시한다. 생명 공학이란 유전 암호를 바꾸고 고치는 것은 물론이고 아예 새로운 신체를 획득할 수 있도록 돕는 기술이다. 사이보그 공학은 유기체(인간 신체)와 비유기체(기계)를 결합해 타고난 인간의 능력을 끌어올린다. 손상된 세포를 고치는 나노 로봇도 여기에 포함된다. 비유기체 합성은 의식과 지능을 비유기체, 즉 컴퓨터 같은 기계에 옮기는 기술이다. 인공 지능과 신경 과학이 눈부시게 발전하면 의식과 지능조차 알고리즘으로 변환할 수 있을 것이다.

내 몸은 어디까지일까?

팔 하나를 기계로 바꿔도 나는 나다. 그런데 팔 두 개, 다리 두 개를 바꾸면 어떨까? 그때도 나는 나일까? '테세우스의 배'에 대해서 들어 봤나? 3300여 년 전, 그리스 남쪽 크레타섬에는 무시무시한 괴물이 살았다. 해마다 아테네인들은 괴물에게 남녀 열네 명을 제물로 바쳤다. 이 괴물을 처치한 이가 영웅 테세우스다. 아테네 사람들은 테세우스의 업적을 기리기 위해 그가 타고 온 배를 1000여 년간 보존했다.

세월이 흐르자 노와 널빤지 등이 삭아 이를 떼어 내고 새로 달아야 했다. 이 상황에 대해 《영웅전》을 쓴 플루타르코스는 심오한 질문을 던졌다. "배의 모든 부분이 교체되었더라도 그 배는 여전히 '테세우스의 배'인가?" 노도 바뀌고 갑판도 바뀌고……. 결국 원래 탔던 배는 한 조각도 남지 않는다면 어떨까? 그때도 테세우스가 탔던 그 배일까? 이것이 그리스 철학자들이 논쟁을 벌였던 '테세우스의 역설'이다.

'테세우스의 역설'은 인간 신체에도 적용할 수 있다. 신체 부위를 하나하나 다 바꾼다. 물론 현대 의학으로는 불가능하지만, 그런 기술이 가능해진다고 가정하자. 그렇게 바뀐 나도 여전히 나일까? 실제로 우리 몸은 테세우스의 배와 비슷하다. 무슨 말이냐고? 우리 몸은 세포들이 끊임없이 생겨나고 소멸한다. 7년 주기로 몸속 모든 세포가 죽고 새로 태어난다. 피부는 4주, 혈액은 4개월, 간은 1년……. 신체 기관마다 세포 교체 주기는 각각 다르지만 7년 정도면 모든 세포가 바뀐다. 우리 몸은 하루 평균 3,300억 개의 세포를 갈아 치운다.

그런데도 내 몸은 내 것이고 나라는 사람의 동일성도 그대로 유지된다. 미래학자 레이 커즈와일은 세포가 7년 주기로 전부 바뀌지만 내가 여전히 나일 수 있는 이유는 내 몸을 구성하는 물질들을 배치하는 패턴이 동일하기 때문이라고 말한다. 로봇 공학자 한스 모라벡도 비슷한 관점을 보여 준다. 한스 모라벡 역시 몸이 늘 바뀐다고 본다. 몸이 변하지 않고 고정된 모습으로 존재한다는 믿음은 허상이라고 말한다. '나'라고 말할 수 있는 본질은

몸이 아닌 마음에 있으며, 마음을 이루는 정보 패턴을 재현할 수 있다면 '나'는 영원히 살 수 있다고 주장한다.

기계 장치들이 몸의 일부처럼 작동한다면, 과연 어디까지가 내 몸일까? 신체의 경계를 떠올릴 때 직관적으로 드는 이미지는 피부를 경계로 그려지는 3차원의 면일 것이다. 우리 몸은 피부라는 경계선을 따라 바깥 세계와 몸속이 구분된다. 철학자 데카르트가 물체(신체)를 정의할 때 제시한 '연장(延長)*'과 비슷하다.

신체를 정의할 때 물리적 경계선은 중요하다. 우리가 직관적으로 몸의 경계를 그렇게 인식하니까 말이다. 눈에 보이는 경계선으로 신체를 정의하는 관점은 시각 중심주의에서

> **연장**
> 공간의 일부를 차지하는 물체의 속성을 말한다. 쉽게 말해 길이, 너비, 깊이를 지닌다는 뜻이다.

나왔을 것이다. 케빈 워릭은 이와 관련해 중요한 시사점을 던져준다. 그는 1998년과 2002년 두 번에 걸쳐 신경과 연결되는 칩을 자기 몸에 심었다. 그는 신경칩을 이용해 몸에 연결되지 않은 기계를 생각만으로 조종했다. 더 나아가 뇌에서 나온 신경 신호를 인터넷으로 보내 멀리 있는 로봇 팔을 움직이기도 했다. 몸은 뉴욕 컬럼비아대학에 있으면서 런던 레딩대학에 있는 로봇 팔을 조종했다.

물리적 경계선만으로 신체를 온전히 정의하기 어렵다. 팔다리가 물리적 이음새 없이 매끈하게 이어졌다고 해도 내 의지대로 움직일 수 없다면 내 신체라고 말할 수 있을까? 오히려 신경칩을 통해 내 의지로 움직일 수 있는 기계가 내 신체에 가깝지 않을까? 물론 손에 들린 스마트폰은 손과 함께 작동하지만, 스마트폰을 신체 일부라고 하지 않는다. 신경망으로 이어진 신체 일부가 아니기 때문이다. 내 신체라고 말하려면 내 의지에 따라 움직일 수 있어야 한다.

미국 MIT 역사학과 교수 브루스 매즐리시는 《네 번째 불연속》에서 "이제 인간은 기계에 너무나 크게 종속되어 우리가 원한다 해도 기계 없이 살 수 없다"라고 말했다. 이런 상황에서 신체를 기계로 대체했다고 인간이 아니라고 하기는 어렵다. 오래전부터 인류는 도구를 사용해 자기 능력을 확장하고 자연환경을 극복해 왔다. 뭉툭한 돌을 깨고 갈아서 만든 돌도끼를 사용한 이래로 인류는 기술과 도구를 통해 자연의 제약과 신체적 한계, 태생적 조건 등을 넘어섰다. 즉 기술과 도구를 통해 외부 세계와 만나 왔다. 사이보그라는 개념이 생기기 훨씬 전부터 말이다.

인간은 기술과 하나일까?

———

"여기에 이렇게?"

"응."

"저기는?"

"아니야."

토머스 모건 박사 연구팀은 250만 년~180만 년 전에 인류가 최초로 나눈 대화를 연구했다. 그 결과, 인류는 생활에 필요한 도구를 어떻게 만들지 대화했을 거라고 추론했다.

도구의 사전적 의미는 일할 때 쓰는 연장이나 생활에 필요한 수단이다. 도구는 보조적 수단 같지만, 어떤 도구는 인류의 삶을 뿌리째 바꿨다. 우리는 선사 시대를 석기 시대, 청동기 시대, 철기 시대로 구분하고 역사 시대를 문자 시대, 활자 시대, 산업화 시대, 정보화 시대 등으로 나눈다. **이러한 시대 구분은 도구를 기준**

으로 삼는다. 도구가 인간의 삶에 막대한 영향을 미치기 때문이다.

가까운 예로 스마트폰 없는 일상을 생각할 수 있을까? 스마트폰은 우리 삶과 존재를 바꿔 놓았다. 예전에는 머릿속에 저장했던 전화번호, 주소, 이미지, 가고 싶은 장소 같은 여러 정보를 모두 스마트폰에 저장한다. 스마트폰은 신체 바깥에 존재하는 외부 저장 장치다. 스마트폰은 기억만 보조하는 게 아니다. 스마트폰 덕분에 언제 어디서든 메신저나 SNS 등으로 타인과 소통하며 관계 맺을 수 있다. 많은 현대인이 그런 방식으로 인간관계를 유지한다는 점에서 스마트폰 없는 삶은 생각하기 어렵다.

하루 종일 스마트폰을 손에 들고 있는 우리 모습은 낯설지 않다. 스마트폰과 분리된 일상을 떠올릴 수 있나? 현대인은 '포노사피엔스'가 되었다. 영국 시사 주간지 〈이코노미스트〉는 '지혜가 있는 인간'을 가리키는 '호모사피엔스'에 빗대 스마트폰을 신체 일부처럼 사용하는 세대를 '포노사피엔스'라고 불렀다. 스마트폰이 없으면 불안해하는 증상을 가리키는 '노모포비아(no mobile phone phobia)'라는 말까지 만들어졌다. 심리학에서는 대상과 떨어져서 생기는 불안 증세를 '분리 불안'이라고 부른다. 보통은 아기가 엄마에게 보이는 심리적 반응이다. 이제는 스마트폰이 그 대상이 되었다.

디지털 시대를 사는 사람들의 무능력 상태를 가리켜 독일 뇌

과학자 슈피처 박사는 ‘디지털 치매 증후군’이라고 불렀다. 사람들이 디지털 기기에 지나치게 의지한 탓에 기억력이 나빠져 건망증 증세를 보인다고 한다. 디지털 기기에 의존하다 보니 사람들은 전화번호를 외우지 않는다. 내비게이션의 도움으로 길 찾기는 쉬워졌지만, 공간 지각 능력은 감퇴했다. **디지털 기기가 발전할수록 인지 능력은 떨어진다.**

스마트폰을 손에 쥐어야 생활이 가능하다. 스마트폰뿐만이 아니다. 냉장고 없이도 살기 어렵고 세탁기 없이도 살기 힘들다. 스마트폰, 컴퓨터, 인터넷, 텔레비전, 자동차 없이 살아간다는 것은 상상하기 어렵다. “나는 생각한다. 고로 존재한다”라는 철학자 데카르트의 명제는 “나는 기술 집약적 도구를 갖는다. 고로 존재한다”로 진화한다. 우리는 기계를 만들고, 기계는 우리를 바꾼다. **기술은 인간의 활동뿐만 아니라 인간 본성에도 영향을 미친다.** 인류 역사를 돌아보면 인간은 필요에 따라 새로운 도구를 만들었고, 그 도구를 쓰면서 스스로 바뀌었다. 인간이 자기 본성에 따라 기술을 창조해 사용했지만, 그 기술이 거꾸로 인간을 바꾼 것이다. 영문학자 월터 옹은 문자 기술 덕분에 이성적이고 합리적인 사고가 가능했다고 주장한다. 월터 옹은 《구술문화와 문자문화》에서 “기술은 단순히 외부적인 도움을 주는 것이 아니라 의식의 내부적인 변화를 일으키는데, 그중에서도 언어에 영향을 미

268

칠 때 가장 그러하다"라고 말한다.

인터넷 주소는 www로 시작한다. www를 풀어 쓰면 월드 와이드 웹(world wide web)이다. 전 세계로 퍼진 거미줄(연결망)이라는 뜻이다. 현대인은 거미줄처럼 촘촘한 연결망 속에서 살아간다. 우리는 네트워크를 벗어날 수 있을까? 거미가 거미줄 없이 살 수 없는 것처럼 현대인도 네트워크 없는 삶을 상상할 수는 있지만, 실제로는 그렇게 살기 어렵다. 인간과 기술이 서로 깊이 엮여 있다는 점에서 현대인은 모두 사이보그가 아닐까?

우리가 본래 사이보그였다고?

———

사이보그는 특별한 게 아니다. 인공 뼈, 인공 관절, 인공 혈액, 인공 각막, 노안 교정을 위해 삽입한 렌즈, 치아 임플란트, 심장 박동기, 이식형 제세동기 등 인간은 다양한 보철물을 몸에 달고 산다. 꼭 보철물이나 기계뿐만이 아니다. 혈압약·당뇨약 등 각종 약물, 몸속에 주입하는 화학 제품도 사이보그와 무관하지 않다. 스마트폰을 깜빡 집에 두고 나온 날 온종일 불안하다면 당신은 이미 사이보그화한 것이다.

인간과 도구(기술)의 공생은 인간을 인간답게 만들어 주는 근본 조건이다. 눈이 나쁜 사람은 안경이 제2의 눈이다. 마찬가지로 시각 장애인에게 지팡이는 앞을 보여 주는 눈과 같다. 안경, 지팡이, 전동 휠체어 등은 인간 능력을 보완하거나 강화하는 도구다. 사용자는 도구와 분리될 수 없으며, 그렇기 때문에 사용자가 특정 도구에 의존하면 할수록 더욱 인간적으로 바뀐다. 사물인 도구가 인간을 인간답게 만드는 역설이다.

기계(기술)가 우리 몸과 삶에 깊숙이 개입하고 있어서 어디까지가 자연(물)이고 어디까지가 인공(물)인지 모호한 상태로 우리는 살아간다. 그렇게 본다면 사이보그는 인간의 존재 조건이라고 할 수 있다. 기계 장치가 우리 몸에 들어 있지 않더라도 말이다. 과학사가 도나 해러웨이는 〈사이보그 선언〉에서 "우리는 모두 기계와 유기체로 이론화되고 만들어진 '키메라'*다. 곧 우리는 사이보그다"라고 주장했다.

　인간은 온전히 자연적 존재라고 할 수 있을까? 자연적 존재란 과연 무엇일까? 어떤 도구에도 의존하지 않고 오직 자기 몸뚱이 하나로만 산다면 자연적 존재일 것이다. 그런데 인간이 아무런 도구 없이 살아갈 수 있을까? 로빈슨 크루소조차 움막을 짓고 낚싯대를 만들고 달력을 그렸다. 햇볕과 비바람을 피하려 해도, 물고기를 잡아먹으려 해도, 날짜를 세려 해도 도구가 필요하다. 도구에 의지하지 않는다면 인간은 살아갈 수 없다. 도구 없는 인간의 삶은 상상하기 어렵다. 자연환경에서 몸뚱이 하나에 의지해 살아가는 건 애초에 불가능하다.

　그렇다면 불이나 도구를 사용하고 언어를 이용해 지식을 전수한 이래로 인간은 단 한 번도 자연적 존재인 적이 없었다. 원시 시대부터 불을 피우고 물고기를 잡고 옷을 만들어 입는 매 순간 도구를 이용했다. 인간은 처음부터 도구와 하나였다. 영국 철학자 앤디 클락은 "인간은 자연적으로 타고난 사이보그"라고 말한다.

사이보그는 미래형 인간이 아니다. **인간은 도구를 사용한 이래로 사이보그였다. 신체와 기계가 합쳐졌다는 피상적 차원이 아니라 인간과 기술이 공생한다는 본질적 차원에서 말이다.** 인류는 자연과 도구를 활용하는 기술 덕분에 생존해 왔고 문화를 일구었다. 인간은 근본적으로 결핍된 존재로서 도구와 기술과 지식에 의존해 살아갈 수밖에 없다. 보충적 존재이자 기술적 존재인 셈이다. 사이보그에 씌워진 첨단 기술에 대한 통념을 걷어 내면 '기계와 유기체의 결합체'라는 사이보그의 정의는 '도구를 사용하는 인간', 더 나아가 '도구를 사용하는 동물'이라는 개념과 통한다. 나무줄기를 이용해 흰개미를 잡아먹는 침팬지, 배 위에 조개껍데기를 올려놓고 돌로 깨는 수달 등도 부분적으로 사이보그다.

기술은 인간에게 제2의 본성과 다르지 않다. 그렇게 본다면 안경이나 스마트폰에 의지하는 사람과 몸에 기계 장치를 달고 있는 사이보그는 종류의 차이가 아니라 정도의 차이가 아닐까? 앤디 클락의 표현대로 우리는 태어날 때부터 이미 사이보그다. 돌을 깎고 다듬어 돌도끼를 만든 순간부터 인류는 도구로 자기 능력을 확장하고 자연환경을 극복해 왔다는 점에서 이미 생물학적 한계를 넘어선 사이보그였다.

로보캅

1987년 개봉 | 폴 버호벤 감독 | 피터 웰러, 낸시 앨런 등 출연

영화는 순직한 경찰의 신체를 이용해 만든 사이보그 경찰 '로보캅'의 활약상을 그린다. 머지않은 미래, 미국 디트로이트는 범죄가 들끓는 도시로 전락한다. 다국적 기업 옴니 콘슈머 프로덕트(OCP)가 경찰을 민영화해 치안을 담당한다. 그러나 부족한 경찰 인력으로 치안을 유지하기에는 한계가 있다. 그래서 로보캅이 탄생했다. 놀라운 신체 능력과 인지 능력을 갖춘 로보캅은 무적에 가까운 힘으로 거리의 범죄자들을 소탕하고 혼자서 인질범을 잡아들인다.

| 참고문헌 |

〈가상, 현실, 그리고 허구〉, 이다민, 2022

《거대한 불평등》, 조지프 스티글리츠, 이순희 옮김, 열린책들, 2017

《과학을 공부하는 과학》, 최준호, 머스트리드북, 2022

《구술문화와 문자문화》, 월터 J. 옹, 임명진 옮김, 문예출판사, 2018

《궁금했어, 에너지》, 정창훈, 나무생각, 2019

《그럼에도 지구에서 살아가려면》, 장성익, 풀빛, 2024

《기후 책》 그레타 툰베리, 이순희 옮김, 김영사, 2023

〈기후위기 시대의 예언〉, 황인철, 2020

〈기후위기 해결, 어디에서 시작할까〉, 백영경, 2020

《나는 농담으로 과학을 말한다》, 오후, 웨일북, 2019

《나는 풍요로웠고, 지구는 달라졌다》, 호프 자런, 김은령 옮김, 김영사, 2020

《나의 첫 메타버스 수업》, 이재원, 메이트북스, 2021

《내가 유전자를 고를 수 있다면》, 예병일, 다른, 2019

《내일은 못 먹을지도 몰라》, 시어도어 C. 듀머스, 정미진 옮김, 롤로코스터, 2021

《네 번째 불연속》, 브루스 매즐리시, 김희봉 옮김, 사이언스북스, 2002

《다름과 어울림》, 고려대학교 다양성위원회, 동아시아, 2021

《단번에 이해하는 메타버스 3.0》, 홍성용, 매일경제신문사, 2022

《당신은 왜 인간입니까》, 송은주, 웨일북, 2019

《대량살상 수학무기》, 캐시 오닐, 김정혜 옮김, 흐름출판, 2017

《디지털이다》, 니콜라스 네그로폰테, 백욱인 옮김, 커뮤니케이션북스, 1999

《리얼리티 버블》, 지야 통, 장호연 옮김, 코쿤북스, 2021

〈마음은 신체와 분리될 수 있는가?〉, 신상규, 2020

《메타버스 사피엔스》, 김대식, 동아시아, 2022

《메타버스 새로운 기회》, 김상균 외, 베가북스, 2021

《메타버스, 이미 시작된 미래》, 이임복, 천그루숲, 2021

〈메타버스의 현황과 미래〉, 이주행, 2021

《면역에 관하여》, 율라 비스, 김명남 옮김, 열린책들, 2016

《명견만리: 공존의 시대 편》, KBS명견만리 제작진, 인플루엔셜, 2019

《모빌리티 미래권력》, 권용주 외, 무블출판사, 2021

《모빌리티의 미래》, 서성현, 반니, 2021

《미래를 읽는 기술》, 이동우, 비즈니스북스, 2018

〈범죄예측과 인간의 자유의지에 관한 인문학적 응전〉, 김문주 외, 2017

〈불평등은 인류의 불치병인가?〉, 황광수, 2017

《불평등의 역사》, 발터 샤이델, 조미현 옮김, 에코리브르, 2017

《불평등이 문제다》, 김윤태, 휴머니스트, 2017

《붕괴》, 애덤 투즈, 우진하 옮김, 아카넷, 2019

《빌 게이츠, 기후 재앙을 피하는 법》, 빌 게이츠, 김민주 외 옮김, 김영사, 2021

《살인 미생물과의 전쟁》, 마이클 오스터홈 외, 김정아 옮김, 글항아리, 2020

《새로운 가난이 온다》, 김만권, 헤다, 2021

《생각하는 기계 vs 생각하지 않는 인간》, 홍성원, 리드리드출판사, 2021

〈소득 불평등 주제의 시민교육적 논의〉, 박하나, 2019

《성장의 한계》, 도넬라 H. 메도즈 외, 김병순 옮김, 갈라파고스, 2021

《알아두면 쓸모 있는 과학 잡학상식》, 이연호, 팬덤북스, 2021

《어둠의 눈》, 딘 쿤츠, 심연희 옮김, 다산책방, 2020

《얼마나 닮았는가》, 김보영, 아작, 2020

《에너지 위기, 어떻게 해결할까》, 이은철, 동아엠앤비, 2023

《에레혼》, 새뮤얼 버틀러, 한은경 옮김, 김영사, 2018

《오늘부터의 세계》, 안희경, 메디치미디어, 2020

《왜 불평등이 문제일까?》, 윤홍식, 반니, 2014

《왜 우리는 불평등해졌는가》, 브랑코 밀라노비치, 서정아 옮김, 21세기북스, 2017

《외로워지는 사람들》, 셰리 터클, 이은주 옮김, 청림출판, 2012

《우리는 결국 지구를 위한 답을 찾을 것이다》, 김백민, 블랙피쉬, 2021

《위기의 지구, 물러설 곳 없는 인간》, 남성현, 21세기북스, 2020

《육식의 종말》, 제러미 리프킨, 신현승 옮김, 시공사, 2002

《인간은 필요 없다》, 제리 카플란, 신동숙 옮김, 한즈미디어, 2023

〈인공지능 시대, 인문학의 가치와 역할〉, 구본권, 2017

〈인공지능 알고리즘과 차별〉, 홍성욱, 2018

〈인공지능 알고리즘의 편향성과 공정성〉, 정원섭, 2020

《인공지능과 어떻게 공존할 것인가》, 고선규, 타커스, 2019

〈인공지능과 트랜스휴머니즘 논쟁〉, 김희선, 2016

《인공지능의 시대, 인간을 다시 묻다》, 김재인, 동아시아, 2017

〈인공지능이 마음을 가질까?〉, 최희열, 2020

《인류세와 기후위기의 大가속》, 파울 크뤼천, 김용우 외 옮김, 한울, 2022

《인류세의 모험》, 가이아 빈스, 김명주 옮김, 곰출판, 2018

《자율주행》, 안드레아스 헤르만 외, 장용원 옮김, 한빛비즈, 2019

《잠실동 사람들》, 정아은, 한겨레출판, 2015

《제2의 기계 시대》, 에릭 브린욜프슨 외, 이한음 옮김, 청림출판, 2014

〈제5차 평가 보고서〉, 기후 변화에 관한 정부 간 협의체(IPCC), 2013

〈제6차 평가 보고서〉, 기후 변화에 관한 정부 간 협의체(IPCC), 2021

〈지구 온난화 1.5도 특별 보고서〉, 기후 변화에 관한 정부 간 협의체(IPCC), 2018

《착한 소비는 없다》, 최원형, 자연과생태, 2020

《초예측》, 유발 하라리 외, 웅진지식하우스, 2019

《코로나 사피엔스》, 최재천 외, 인플루엔셜, 2020

《코로나, 기후, 오래된 비상사태》, 안드레아스 말름, 우석영 외 옮김, 마농지, 2021

《탄소 중립으로 지구를 살리자고?》 박재용, 나무를심는사람들, 2021

〈트랜스휴머니즘과 인간향상의 생명정치학〉, 신상규, 2017

《특이점이 온다》, 레이 커즈와일, 장시형 외 옮김, 김영사, 2007

《팬데믹 시대를 위한 바이러스+면역 특강》, 안광석, 반니, 2020

《포스트 메타버스》, 남주한 외, 포르체, 2022

《포스트 코로나 사회》, 김수련 외, 글항아리, 2020

《포스트휴먼 오디세이》, 홍성욱, 휴머니스트, 2019

《포스트휴먼이 몰려온다》, 신상규 외, 아카넷, 2020

〈포스트휴머니즘에 관한 철학적 성찰〉, 강영안 외, 2013

〈플라스틱 중독 시대 탈출하기〉, 김기흥, 2020

《필터 월드》, 카일 차이카, 김익성 옮김, 미래의창, 2024

《한계비용 제로 사회》, 제러미 리프킨, 안진환 옮김, 민음사, 2014

〈한국 생태발자국 보고서 2016〉, 세계자연기금, 2016

《호모 데우스》, 유발 하라리, 김명주 옮김, 김영사, 2017

《10년 후 세계사 두 번째 미래》, 구정은 외, 추수밭, 2021

《2040년이 보이는 미래 사회 설명서 1》, 황윤하 외, 다른, 2020

《2040년이 보이는 미래 사회 설명서 2》, 박기홍 외, 다른, 2020

《2040년이 보이는 미래 사회 설명서 3》, 김지원 외, 다른, 2020

《2050 거주불능 지구》, 데이비드 월러스 웰즈, 김재경 옮김, 추수밭, 2020

《21세기 자본》, 토마 피케티, 장경덕 옮김, 글항아리, 2014

《SF 거장과 걸작의 연대기》, 김보영 외, 돌베개, 2019

〈Are you living in a computer simulation?〉, 닉 보스트롬, 2003

〈Closing the Racial Inequality Gaps〉, 씨티그룹, 2020

〈Progress on sanitation and drinking water: 2015〉, 세계보건기구 외, 2015

〈State of the Global Climate in 2021 report〉, 세계기상기구, 2022